ABIERTO
A LA
FUENTE

ABIERTO A LA FUENTE

ENSEÑANZAS SELECTAS DE
Douglas Harding

EDITADO POR
Richard Lang

THE SHOLLOND TRUST
LONDRES

THE SHOLLOND TRUST
87B Cazenove Road
London N16 6BB
headexchange@gn.apc.org
www.headless.org

The Shollond Trust es una organización benéfica del
Reino Unido registrada con el Nº. 1059551

Diseño de portada: rangsgraphics.com
Traducción: Diego Merino Sancho
diegomerinotraducciones.com

Diseño interior: Joan Greenblatt (y Richard Lang)

ISBN 978-1-908774-65-1

Para

mi madre, mi padre,

mi hermano y mi hermana

Si de verdad
quieres vivir una
vida consciente,
despertar del
sueño social, ser
Quien eres, todo
saldrá en tu ayuda
y te empujará
hacia ese objetivo
supremo.

ÍNDICE

DIEZ EXPERIMENTOS

INTRODUCCIÓN

Douglas Harding (1909-2007) fue un filósofo y maestro espiritual muy valorado y querido, así como un prolífico escritor, que desarrolló una forma única de despertar a la Fuente, de ver Quién somos realmente. Su enfoque, tan directo y efectivo como práctico y original, va derecho al Corazón, al Núcleo Central del asunto y nos lleva directamente a nuestra Verdadera Naturaleza, a nuestra Divinidad.

Harding estaba muy versado en las escrituras de los grandes místicos del mundo, por lo que su estilo es profundamente tradicional; su particular voz se enmarca por completo en la larga tradición espiritual que va desde los antiguos Upanishads indios hasta los veedores actuales de todas las grandes religiones. Sin embargo, su método de despertar está inspirado principalmente en la ciencia moderna y no se basa en verdades reveladas, sino en la evidencia que nos aportan los sentidos.

En consecuencia, aunque Harding respeta enormemente a los grandes místicos, el punto de partida de su Vía no se encuentra en ningún texto sagrado, sino en la experiencia inmediata que cada uno tenemos de nosotros mismos. ¿Qué eres aquí y ahora? ¿Quién eres en realidad? Harding pone de relieve el hecho observable de que lo que somos en el centro es completamente diferente de lo que somos desde una cierta distancia. ¿Eres *esencialmente* un «algo», una «cosa» separada de otras cosas, o eres una Nada, una No-cosa que es *capacidad* para todas las cosas?

Se trata de dejar a un lado lo que los demás nos dicen al respecto y mirar por nosotros mismos. Una idea central que Harding repite una y otra vez es que tú eres la única y definitiva autoridad sobre ti mismo. No delegues en nadie el poder de decidir quién eres realmente. Él mismo aplica esta regla en su propia enseñanza: «¡No creas ni una palabra de lo que digo! ¡Ponlo a prueba!».

Los *experimentos* forman el núcleo central de esta vía contemporánea para regresar a nuestro verdadero Hogar. Estos ejercicios únicos de conciencia desarrollados por Harding son muy importantes (de hecho, vitales) porque nos proporcionan una serie de instrucciones extremadamente fáciles, sencillas y directas que nos permiten ver la Fuente en un momento (con tan solo tener la voluntad de mirar con una mente abierta y en el lugar adecuado). No importa si nunca antes has hecho nada similar, ni si, pongamos por caso, te sientes deprimido. Lo único que tienes que hacer es mirar hacia dentro y confiar en lo que ves, o mejor dicho, ¡en lo que no ves! Al final de este libro encontrarás varios experimentos.

Permíteme que insista en la importancia de *hacer* los experimentos; *leer* sobre tu Verdadera Naturaleza sin *experimentarla* por ti mismo resulta tan inútil y frustrante como hojear folletos de viajes sin poder ir nunca realmente de vacaciones, y dado que la Visión hacia la que señalan los experimentos está justo donde estás y es gratuita, ¡no hay ninguna excusa para no mirar! Así es que ¡atrévete a lanzarte a esta aventura y dedica unos minutos a hacer los experimentos! No tienes nada que perder y sí mucho que ganar.

Una vez que hayas visto Quién eres en realidad, simplemente continúa viéndolo y tomando este precioso Recurso como la base desde la que operas y haces las cosas diariamente. Esta práctica sin fin es también infinitamente enriquecedora; puede que no siempre te aporte lo que quieres, pero siempre te dará lo que realmente necesitas. Sé consciente de la Verdad y esta no solo te liberará, sino que también cuidará y se ocupará de ti.

Douglas Harding creció en Suffolk, Inglaterra, en el seno de la Hermandad Exclusiva de Plymouth. Con veintiún años rechazó el estrecho fundamentalismo de esta congregación religiosa y comenzó a cuestionar todas las suposiciones que la sociedad daba por hecho acerca de lo que significa ser humano. Tras diez años de constante indagación, dio con la presencia absolutamente evidente de la Fuente en su mismísimo centro, en su mismísimo corazón (¡es precisamente el hecho de ser tan sumamente obvia lo que hace que nuestra Verdadera Naturaleza esté tan bien escondida!). De pronto, en lugar de limitarse meramente a imaginarla o reflexionar sobre ella, Harding veía la Fuente.

El resultado de este despertar fue una obra filosófica realmente prodigiosa y admirable: *La Jerarquía del Cielo y la Tierra: un nuevo diagrama del hombre en el Universo*, publicada en forma resumida en 1952 y que C. S. Lewis describió como «una obra propia de los grandes genios». Se trata de una novedosa visión contemporánea del lugar que ocupamos en el universo (o, mejor dicho, del lugar que el universo ocupa en nosotros), una obra magníficamente escrita que se apoya profundamente en todas las ciencias, en las artes y en la religión, y que nos revela que cada uno de nosotros es una parte vital y totalmente significativa del Todo, de la Totalidad (de hecho, que cada uno de nosotros *somos* la Totalidad). Además de ser cierto, este autorretrato es increíblemente hermoso y, a pesar de todos los males que aquejan al mundo, sostiene que lo esencial es el amor. En 1961 Harding publicó su siguiente libro, *Vivir sin cabeza*, un breve relato que no tardó en convertirse en un clásico espiritual y en el cual podemos encontrar una descripción dramatizada de su despertar a su Verdadera Naturaleza (véase página xv). Desde entonces ha escrito muchos más libros.

Conocí a Douglas Harding en 1970 y casi de inmediato sentí que quería comprometerme tanto a practicar como a compartir esta Vía. En 2003 releí prácticamente toda la obra escrita de Harding con la intención de recopilar citas para este libro, lo cual fue para mí una experiencia profundamente inspiradora. También extraje algunas citas de cintas de audio y vídeo de entrevistas y conferencias. Como es obvio, los pasajes seleccionados en esta obra son los que a mí me han parecido más interesantes o inspiradores, y a buen seguro otra persona habría seleccionado otros distintos. No obstante, creo que esta selección representa fielmente a Harding y su mensaje, pues nos ofrece una buena visión global de sus diversas facetas como maestro, filósofo, escritor y compañero espiritual. Además, nos muestra la amplia y profunda aplicación de la Vía sin cabeza en la vida diaria (es decir, lo bien que funciona en la práctica), e incluye comentarios del autor sobre diversos temas como las relaciones, la creatividad, el amor, el estrés, cómo afrontar los problemas, la muerte, etc.

Lo que también desprenden estas líneas es la irrefrenable curiosidad que Harding sentía por la vida: su enorme disfrute, su deleite y alegría; su humor, su energía y su humanidad; así como la originalidad, claridad y calidad poética que impregnan sus escritos. Entretejido en todo esto subyace la profunda convicción del autor en lo eminentemente práctico que resulta confiar en Quién somos realmente (en rendirnos a la voluntad de Dios) y su contagiosa fascinación ante el milagro «imposible» de Ser, de la existencia misma. Como él dice: «¡En realidad no debería existir nada en absoluto!». Y sin embargo, sorprendentemente, sí que existe algo: el Ser que se autorigina a sí mismo y este universo extraordinario, ¡y todo en perfecto estado de funcionamiento! ¿Cómo demonios lo hace?

Douglas Harding fue un hombre que «por una feliz casualidad», con mucho esfuerzo y trabajo y por la gracia de Dios, encontró su camino de regreso a Casa (el recorrido que le llevó de su apariencia temporal a su Realidad eterna), completando este viaje no como persona, por supuesto, sino como la Realidad misma (la única forma de hacerlo). Y, una vez que ya había regresado al Hogar, continuó realizando a diario este viaje al lugar que nunca se abandona. Desde entonces ha ayudado a muchos otros a transitar por este mismo camino (la «vía de un metro», como él la llamaba), y durante más de cuatro décadas de charlas y talleres por todo el mundo llegó a contar con muchos amigos que comprendieron y captaron su mensaje. Douglas Harding le ha hecho un enorme regalo al mundo: una Vía abierta de regreso a nuestro verdadero Hogar, a la Fuente Abierta desde la cual todas las cosas fluyen libremente por toda la eternidad. Es mi deseo que sus palabras te inspiren a emprender este viaje de regreso a Casa, al lugar que nunca jamás abandonaste, y a disfrutar cada día estando abierto a la Fuente.

—Richard Lang
Londres, Inglaterra

UNA TOTAL AUSENCIA

El día mejor de mi vida —dicho de otro modo, mi renacimiento— fue aquél en que descubrí que no tenía cabeza. No es una licencia poética, ni se trata de una frase ingeniosa dicha para despertar interés a cualquier precio. Lo digo en serio: *yo no tengo cabeza.*

Hice este descubrimiento a los treinta y tres años. Y aunque verdaderamente pareció caído del cielo, fue el resultado de una búsqueda apasionada; había vivido durante varios meses absorto en la pregunta: *¿qué soy?* Así que el hecho de que sucediese durante mi estancia en el Himalaya probablemente tiene poco que ver con ello, pese a que se dice que allí se entra más fácilmente en estados extraordinarios de conciencia. Sea como fuere, era un día muy claro y tranquilo, y el panorama desde la cumbre donde yo estaba, por encima de los valles brumosos, hasta las cimas más altas del mundo, componía un escenario digno de la más grande de las visiones.

Lo que de hecho sucedió fue algo absurdamente simple y poco espectacular: solo por un instante, dejé de pensar. La razón, la imaginación y todo el parloteo mental, se interrumpieron. Por una vez me faltaron palabras. Olvidé mi nombre, mi humanidad, mi objetividad, todo cuanto puede llamarse *yo*, o *mío*. Desaparecieron tanto el pasado como el futuro. Es como si hubiera nacido en aquel momento, sin estrenar, sin mente, inocente de cualquier recuerdo. Solo existía el ahora, este momento presente, y cuanto claramente se daba en él: bastaba con mirar. Y lo que encontré fueron piernas de pantalón caqui, que acababan por abajo en un par de zapatos marrones; mangas caqui, que acababan lateralmente en un par de manos sonrosadas; y una pechera de camisa caqui que terminaba por arriba en... ¡absolutamente nada de nada! Y ciertamente, no en una cabeza.

No necesité mucho tiempo para darme cuenta de que esta nada, este agujero donde se suponía debía estar la cabeza, no era una simple ausencia, una mera nulidad. Al contrario: estaba muy ocupado. Era una vasta vacuidad inmensamente llena, una nada que tenía sitio para todo; sitio para hierba, árboles, distantes colinas umbrías, y a gran altura, por encima de ellas, cimas nevadas como una hilera de nubes triangulares, a caballo del cielo azul. Había perdido una cabeza, y ganado un mundo.

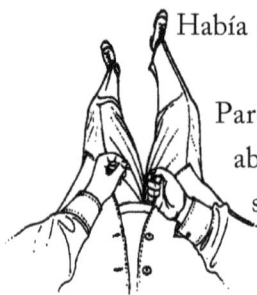

Todo era literalmente sobrecogedor. Pareció que dejaba totalmente de respirar, absorto en lo dado. Hela aquí, esta escena soberbia, brillando en el aire límpido, sola y sin soportar, levitando misteriosamente sobre el vacío, y (y éste era el verdadero milagro, lo asombroso y maravilloso) del todo libre de «mí», no manchada por un observador cualquiera. Su total presencia era mi total ausencia, de cuerpo y de alma.

Más ligero que el aire, más transparente que el cristal, y liberado totalmente de mí mismo, yo no aparecía por ninguna parte. Sin embargo, pese a la cualidad mágica y extraña de esta visión, no era un sueño ni una revelación esotérica. Muy al contrario: era como un despertar súbito del sueño de la vida ordinaria, y el final de los sueños. Era la radiante realidad, por una vez libre de la mente oscurecedora. Era, por fin, la revelación de lo perfectamente obvio. Era un momento lúcido en una trayectoria vital confusa. Era dejar de ignorar algo que (por lo menos desde la primera infancia) yo siempre había estado demasiado ocupado, o asustado, o había sido demasiado listo para ver. Era una atención desnuda y sin crítica, dirigida a lo que desde siempre había estado mirándome de hito en hito: mi total carencia de rostro. En pocas palabras, todo era perfectamente claro y sencillo y evidente, más allá de cualquier discusión, pensamiento o palabra. De la misma experiencia no surgían preguntas, sino tan solo paz, una alegría tranquila y la sensación de haberse liberado de un fardo insoportable.

REALIDAD

Todo se reduce a algo
muy simple:

¿Qué soy yo según mi
propia experiencia en este
mismo momento? ¿Desde
Qué estoy mirando?
Porque eso es lo real,
esa es mi realidad,
y no la apariencia que
tengo para ti.

APARIENCIA

Cuando ingresamos en el club humano nos
volvemos excéntricos, periféricos (a una distancia
de más o menos un metro), y perdemos el contacto
con nuestra Fuente; perdemos el sentido de
nuestra vida, lo que equivale a tener
un problema muy serio.

Todo esto se puede resumir en pocas palabras:
Soy lo que parezco.

Pero es que no soy eso. Soy justamente lo *contrario*
de lo que parezco.

Eres tú quien tiene mi apariencia (es tu problema
y a mí me parece fantástico que así sea), pero lo que
a mí me concierne es el lugar del que *procede*,
que es este Misterio Despierto, este Espacio,
esta Capacidad, esta Quietud, esta Inmensidad
que visiblemente acoge y recibe al mundo.

UNO

Soy inmenso y estoy por todo el mundo. No soy
capaz de encontrar aquí a ningún observador, ni
nada que esté siendo visto ahí fuera; no encuentro
ninguna mirilla que dé al mundo, ninguna ventana,
ninguna frontera. No detecto un universo,
sino que este yace abierto de
par en par para mí.

Las cuestiones espirituales en realidad son físicas,
y las cosas verdaderamente físicas son espirituales.
No hay división.

Este centro es el capullo ilimitado que nunca
y sin embargo siempre estalla para dar origen a la
inmensa flor de este espacio mío formado
por muchas regiones distintas.

No imagines que volverte *hacia dentro*, hacia
esta Nada imperecedera, supone *alejarte* o darle
la espalda a ese mundo de cosas perecederas,
dejar de estar con él, dejar de preocuparte
por él y estar implicado en él.

Cuando paso por alto el Espacio que acoge aquí
a las cosas, no las veo tal y como son, pero cuando
miro «solamente» a este Espacio, penetran en mí
y las conozco plenamente, porque el Espacio está
siempre absolutamente unido a sus contenidos.
Cuando miro hacia fuera apenas capto la mitad
de la historia, pero cuando miro hacia dentro la
percibo en su totalidad.

Tanto si hago publicidad de ello como si no,
lo cierto es que esta organización que soy tiene
suficientes habitaciones libres para albergar al
universo entero.

DIOS

Dios es indivisible.

Esto es absolutamente maravilloso porque significa que Dios está completo, que se da en su totalidad, justo donde te encuentras. No es que haya una pequeña porción de Dios, sino todo Dios, por completo.

Si nos resistimos a esto es porque nos estamos resistiendo a nuestro esplendor, a nuestra grandeza. La maravillosa proposición que hacen todos los místicos que conozco y que considero dignos de tal nombre es que nuestro corazón, la realidad de nuestra vida, la realidad de nuestro ser, nuestro verdadero yo, es Dios en su totalidad (no una pequeña chispa de ese fuego, sino la llama *entera*).

La falta de divinidad es la falta de ser.

SER

La sabiduría de la humanidad, de nuestra especie, está
en tu propio centro, más cerca
de ti que cualquier otra cosa.
Aquello de lo que surges,
desde lo que miras, no es
un producto del mundo sino
el *Origen* del mundo,
el Misterio.

Llámalo como quieras:
Atman-Brahman, Naturaleza
Búdica, Alá, Dios,
el Cristo Interno...
Tiene muchos nombres.

Esto es más «yo»,

más central en mí,

que cómo me perciben los demás.

Aquello desde lo que opero,

desde lo que vivo,

es el Ser mismo.

¡El Ser!

NO-DUALIDAD

Creo que no tiene sentido tomar uno de
estos dos (el Centro o la Periferia) como *real*
y descartar al otro como *irreal*, o como algo
de algún modo menos real y fundamental,
menos verdaderamente YO que el otro.

Tampoco creo que tenga demasiado sentido decir
que uno de ellos *depende* del otro, que la conciencia
no física que encuentro aquí tiene como base ese
mundo físico. O al contrario;
que ese mundo de ahí fuera es un accidente
(una mera actividad de proyección casual e
innecesaria) de esta Conciencia que yace aquí,
en su mismísimo centro. Forman un todo, son
de una sola pieza, se presentan juntos y no se
sirven por separado. Esto no es algo que crea o que
entienda intelectualmente, sino algo que veo.

Por ejemplo, ahora mismo VEO que este Vacío
de aquí *es* (más que contiene) estas formas
y estos colores, esta página y estas manos.

En el zen se insiste en que la forma es vacío y el vacío es forma; el *nirvana* no es más que el *samsara*; la Flor de Loto de la Iluminación es una con el Pantano de la Ilusión que constituye su hábitat. Cada vez que exaltamos uno de los dos opuestos a expensas del otro surgen las dificultades y los problemas, y mi enemiga la Muerte vuelve a hacer presa de mí. Dios es tan nulo sin su mundo como este lo es sin Él.

Pero cuando percibo (cuando vivo conscientemente) su unidad absoluta, abrazo a la Muerte como mi amiga. Como dice el refrán, incluso para Dios (especialmente para Dios) siempre hay algo.

CONCIENCIA

La Conciencia no es algo que pueda dividirse y
considerarse como una cosa más entre otras cosas;
es la prerrogativa por excelencia, el privilegio
singular, la ilimitada Esencia de la Primera
Persona del singular en tiempo presente.

◨

Lo que experimento depende de muchas cosas:
del estado en el que se encuentren mis capas
físicas y químicas, mi cerebro, mi cuerpo,
mi mundo y, en última instancia, todas las cosas.

Pero *el hecho mismo* de experimentar no depende
de Nada, de Ninguna-cosa. La Conciencia es
la función de (es decir, *es*) este Vacío ilimitado
que se halla en el corazón de este mundo
mío compuesto por múltiples capas.

Imaginar que se esconde
en la tercera persona
como tal es tan común como
absurdo,
y tan absurdo como
angustioso.

No es que al llegar a esta Tierra-De-Nadie, a esta Tierra-De-Nada (o, si se quiere, a este País-De-Nunca-Jamás) lleguemos a un callejón sin salida, a un punto *muerto*, a una región tan inexistente que no podría tener sentido ni despertar interés alguno.

Es exactamente lo contrario.

Es a partir de las profundidades de esa Esencia Incognoscible que lo conocido brota sin razón ni restricciones; es esa Semilla Impensable la que da lugar a toda vida y a todo pensamiento, incluyendo *este* mismo pensamiento sobre ella.

INCOGNOSCIBLE

Por más que busco, no soy capaz de encontrar a nadie que tome decisiones, ninguna decisión tomada, ni tampoco ideas, sentimientos o impresiones (ya sean brillantes o mediocres) que sean verdaderamente mías; ninguna mente en absoluto, sino tan solo este estar Despierto, esta Conciencia que se presenta como absolutamente ignorante, inútil, incompetente, estúpida. Y, sin embargo, lo que sea que se necesite surge de sus profundidades justo cuando hace falta. En el Cielo descubrimos este resurgir silencioso del Abismo.

Pruébalo, aprende a confiar en ella y a seguir confiando más y más cada vez, pues aquí es donde se encuentra la inspiración que nunca les falla a las no-personas.

CREATIVIDAD

*En la vida ordinaria encontramos indicios de la conexión
vital que existe entre la Autoconciencia y la creatividad.*

¿No es cierto que nuestros mejores momentos siempre
incluyen una mayor conciencia de nosotros mismos,
de modo que en realidad no nos perdemos en
la inspiración, en el fervor creativo o el amor,
sino que más bien nos encontramos de nuevo?

En su máxima expresión, ¿no es verdad
que el objeto opaco de ahí señala
inequívocamente al Sujeto
transparente de aquí?

Incluso puede suceder que la transparencia
aparezca primero: atendemos, prestamos
atención, dejamos de parlotear sin sentido,
nos convertimos conscientemente en nada
más que este Vacío alerta y expectante...
Y en ese momento el tono,
la palabra o la imagen requerida,
la idea clave, la verdadera respuesta,
aparece ya lista y preparada de ese Vacío,
en el seno de ese Vacío.

◉

Si deseamos descubrir cómo es realmente crear
el mundo, no tenemos más que no desear
nada y prestar atención.

PROBLEMAS

La verdadera función de los problemas es
dirigirnos a su solución en el Centro.

Tener algunos problemas es de lo más útil.

Tener algunos problemas serios me lleva de
vuelta al lugar en el que no hay problemas,
porque Quien soy real y verdaderamente
está libre de todo problema. Vivo en una
zona que está libre de problemas, y desde
ahí salgo y me vierto en el mundo.

Parte del precio de formar parte del mundo es
tener sentimientos, algunos de los cuales son
agradables, otros desagradables y
algunos incluso trágicos.

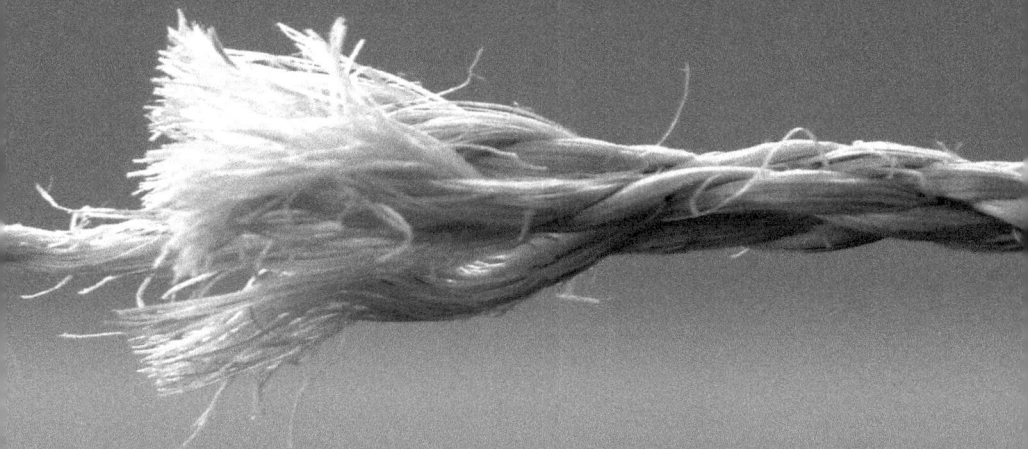

Sin dualidad no podríamos existir, no podríamos
expresarnos en absoluto:
la dualidad que existe entre el bien y el mal, entre
lo hermoso y lo desagradable, entre
el blanco y el negro, etc., es la condición
ineludible para que el lugar que está libre de esas
dualidades pueda expresarse en el mundo.

LIBRE DE PROBLEMAS

En el centro de mi vida se halla esta Conciencia cuya naturaleza misma veo que es la libertad; no solo la libertad de no ser una cosa, sino también de pensamientos y sentimientos de toda clase.

Y, ciertamente, libre también de cualquier tipo de problema. Como la fuente de todas esas cosas, como el origen de todas esas dificultades, su misión ha de ser dejarlas en paz, dejarlas libres para que sean lo que son

Quien realmente soy no cambia por sí mismo lo que me gusta llamar mi *naturaleza humana*. Lo que hace es colocarla en su sitio. NO se niega ninguna de estas dificultades, de estos sinsabores, de estas cosas que en ocasiones resultan desgarradoras. De hecho, desde el estado de libertad propio del Centro podemos aceptarlas con mucha mayor honestidad y alegría de lo que nunca hemos sido capaces de hacerlo desde esa persona ilusoria.

No se trata de liberarse de estas cosas en el sentido de abolirlas o anularlas, sino en el de ubicarlas y ponerlas en el lugar que les corresponde. Así, dejan de ser centrales. Esta Conciencia no solo nos separa de ellas (aunque sin que dejemos de estar involucrados en ellas), sino que a la larga y cuando persistimos en esta actitud, las transforma.

CAMBIO

Este ver es creer.

Esta experiencia es totalmente mundana, nada
mística (en el sentido tradicional del término),
precisa, total, un caso de todo-o-nada que no
admite ningún punto intermedio. El alivio
(mientras dura) es instantáneo y absoluto, pero
ahora es cuando comienza la parte realmente
exigente del trabajo, pues tenemos que continuar
viendo nuestra Ausencia/Presencia siempre que
podamos, en todo lugar y circunstancia, hasta que
la visión se vuelva completamente natural (repito,
natural) e ininterrumpida. Esto no significa que
nos perdamos en nuestro propio Vacío ni en
aquello que lo llena, sino ver *al mismo tiempo* el
objeto que estamos observando y esta Nada (este
No-algo) desde el que estamos mirando.

*Esta atención bidireccional es apropiada en todo
momento y circunstancia.*

El precio de la cordura es la vigilancia.

¿De qué sirve *hablar* de este cambio
de punto de vista que de tal manera
transforma el mundo si no lo *llevamos*
a cabo, si no damos el paso realmente y,
una vez ahí, permanecemos
en esta posición?

¿Cómo podemos hacer eso?

Pues cultivando el hábito de *ver*, lo cual
en realidad no supone ningún cambio,
sino simplemente estar donde siempre
hemos estado: en el Centro del mundo.

NO-MENTE

En esencia, el problema que hay con mi mente
es la convicción de que tengo una, pero devolverla
a la inmensidad del Universo es suficiente para volver
a poner las cosas en orden.

Resulta en verdad ineficiente operar desde
una mente que está llena de cosas que pueden
ir mal, y sumamente eficiente hacerlo desde una
No-mente que está libre de todo ese parloteo
mental. Esto no es un dogma que haya que creer
sin más, sino una hipótesis de trabajo que hay que
comprobar en todo momento. Nunca es demasiado
tarde para tener una infancia maravillosa.
La verdadera madurez es esa segunda infancia
que yo denomino *idiotez alerta*.

Nuestra mente se despierta; las ideas, la inspiración,
una constante guía momento a momento, fluyen sin
obstrucción desde su Fuente, la cual se experimenta
aquí como Ella misma libre de mente.

Lo cierto es que poseemos una mente
verdaderamente abierta, tanto que esta,
una vez que dejamos de aferrarnos a ella, prende,
se funde e irradia con la totalidad de la escena.
Y ahí es cuando entra en sí misma.

Todos los trastornos de la mente (como la
obstinación, la estrechez de miras, el sentirnos
bajo presión, deprimidos o reprimidos) tienen su
origen en este situar a la mente en el lugar que no
le corresponde y en la compresión resultante. Al
devolverla al mundo regresa al lugar del que surgió,
se expande y se recupera.

Inmensa y omnipresente
de nuevo, se vuelve
infinitamente
vasta y
generosa.

¿Cuál es el corazón

y la sustancia del amor?

Estamos hechos para amar. Estamos hechos
para morir el uno por el otro,
para desaparecer en favor de los demás.

Hasta que la pérdida de la cabeza no
nos lleve al hallazgo del corazón —un
corazón tan tierno que está mortalmente
herido por el espantoso sufrimiento del
mundo— seguiremos estando lejos de
la meta, que no es otra que el amor
que transmuta todo sufrimiento.

En verdad uno de los placeres menos pensados
de vivir desde la Primera Persona es poder
contemplar las caras de los amigos sin sentirnos
avergonzados o intimidados, sin sentir o pensar
nada en particular, y limitándonos simplemente
a verlas y tomarlas por lo que siempre han sido:
cosas a las que mirar, pero nunca cosas
desde las que mirar.

Este estado no es un estado sin amor que nos reduzca a una mera silueta, a un recorte de cartón, sino todo lo contrario.

Es la más amorosa renuncia a separar mi Conciencia de la tuya, un estado que elimina la última barrera que quedaba entre nosotros. Ahora, liberados de la superstición de la existencia de una pluralidad de almas, somos por fin realmente uno.

Este es el amor perfecto que destierra todo miedo.

AMOR

CREENCIA

La suposición más firme y sólida que todo adulto alberga, la base de su vida como humano entre los humanos (tanto más gigantesca por el hecho de que no se somete a examen) es que en el centro de su universo hay una *cosa* sólida, opaca, coloreada, activa y complicada, invisible en su mayor parte para su dueño, pero, no obstante, perfectamente real.

No hacen falta muchas palabras para romper
el hechizo de esta convicción humana universal.
Ni siquiera es necesario hacerlo, pues es demasiado
obvia y evidente, cae por su propio peso.

¡Y es mentira! De hecho es «la» mentira.

La gigantesca superestructura de nuestra vida se desmorona porque gran parte de ella está construida sobre arenas movedizas (y, además, sobre arenas movedizas que no han sido analizadas ni sometidas a examen).

Por decirlo con lenguaje sencillo, el problema son las suposiciones básicas que tú y yo hacemos sobre nosotros mismos y nuestra condición en el mundo —y, por lo tanto, sobre el mundo mismo—.

Todo aquello que haga tomando como base la ilusión y el sinsentido de que hay una cosa aquí que lo lleva a cabo, lo haré peor.

Por el contrario, todo lo que haga desde mi Espacio estará mejor hecho.

VIVIR DESDE LA VERDAD

No hay ninguna situación en nuestra vida laboral o de ocio en la que vivir desde la verdad sea inapropiado o ineficiente. La verdad es muy fácil de ver, pero resulta muy difícil mantener esta visión. No obstante, ¿acaso es más sencillo vivir sin ella? ¿Acaso es una proposición práctica vivir la vida tomando como base una mentira multifacética?

Nunca resulta ni práctico ni saludable vivir a partir de una mentira, sea del tipo que sea, pero en este caso la mentira se refiere a nuestra Naturaleza esencial, así que ¡mucho cuidado!

¡Mejor mira dentro de ti mismo!

Pon tu atención, como si fuera por primera vez, en ese Punto del mundo que tan solo tú estás en condiciones de inspeccionar, en el Punto del que únicamente tú tienes información interna, y sé testigo de cómo explota de forma inmediata hasta alcanzar dimensiones cósmicas.

VIVIR DESDE
EL ESPACIO

Hagan lo que quieran conmigo.
Yo voy a vivir desde lo que *veo* que
hay aquí, y no desde lo que ustedes
me digan que hay aquí. Y le contaré
al mundo lo que veo y asumiré las
consecuencias. Mientras tanto,
les juro que vivir desde *esto* es vivir
realmente, que es vivir de forma santa,
divina, vivir siendo Dios mismo.

La verdad única, primaria y salvadora
es que todos vivimos desde nuestro
Espacio y no desde nuestro rostro, que
todos lo estamos haciendo ya bien,
que todos estamos ya firmemente y
para siempre establecidos en nuestra
Verdadera Naturaleza.

Ser es siempre ser el Ser.

En este sentido, todos estamos despiertos.

En última instancia no hay
más experiencia que esta
Experiencia. Únicamente
nuestra Naturaleza como
Vacío es consciente.

ENERGÍA

Hemos aislado
lo humano de
lo cósmico tan
completamente que
cuando por fin se unen,
el efecto puede resultar
abrumador,
ya que la energía
reprimida se descarga
en un intenso destello
de iluminación que
revela una belleza
insospechada.

Ver Quién soy es una experiencia
extrañamente física.

Es como una energía,
como un empoderamiento,
un tono físico, un enaltecimiento,
un enraizamiento, arrojo y valentía,
un salir y verterse en el mundo.
Resulta de lo más vigorizante.

RESULTADOS

La visión inicial de tu Naturaleza no puede ser más simple. De hecho, es la simplicidad misma: una vez que se percibe ¡nada es tan obvio!, pero resulta funcional solo en la medida en que se practica. Los resultados (liberarse de la codicia, del odio, el miedo y la ilusión) están asegurados tan solo si no pasamos por alto el Uno al que pertenecen.

La ausencia ha de ser aceptada como ausencia, no como la presencia de una mina de oro bien oculta. El oro aparece por su cuenta cuando no se le busca, en su debido momento y en formas impredecibles.

Sería difícil exagerar la importancia práctica de este descubrimiento, las consecuencias que tiene en la vida cotidiana.

Toda enajenación, toda separación, las múltiples amenazas que representan las cosas, las personas y las situaciones hostiles... Todo esto no es más que un mal sueño.

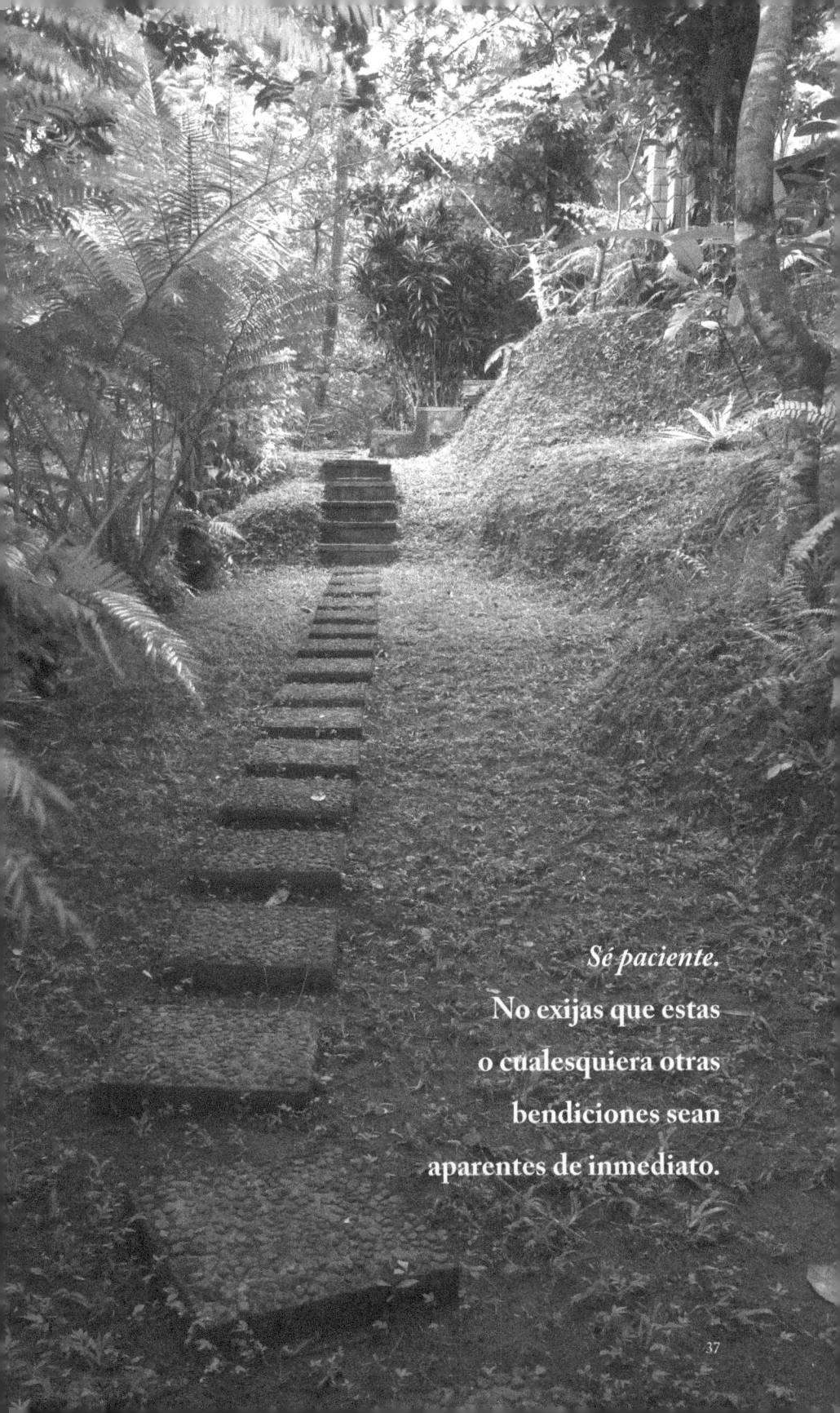

Sé paciente.
No exijas que estas
o cualesquiera otras
bendiciones sean
aparentes de inmediato.

¡SÍ!

No me refiero a apretar los dientes, adoptar una espantosa sonrisa forzada y decirle «¡SÍ!» a todo lo que nos suceda, sea lo que sea, como si de un deber y una disciplina se tratase.

Eso podría conducir al autoengaño y a la represión dañina de nuestros sentimientos, a barrer nuestra basura personal y la del mundo y esconderla bajo una alfombra que no existe.

No:

Ve las cosas por lo que son, exactamente tal
como se dan en tu Vacuidad, en esta Apertura
que claramente no tiene preferencias,
resistencias ni resentimientos, que no tiene
ninguna lista de cosas buenas
y malas, ninguna categoría de lo
que es hermoso o desagradable,
aceptable o inaceptable.

*Y fíjate en qué ocurre cuando prestas
atención a cómo eres ya.*

Date cuenta de lo perfectamente construido
que estás para la tarea de desear lo que es,
de hasta qué punto es apropiado y natural
para ti. Y, sin forzarlo, simplemente permite
que brote la alegría, esa paz que surge del
hecho de no tener nada de lo que quejarte. Lo
más seguro es que así lo haga a la más mínima
oportunidad, quizá mucho antes
de lo que crees posible.

LA INMENSIDAD
DE LA MENTE

Mi mente, con todos sus pensamientos y
sentimientos, es centrífuga. Cuando deja de ser
una posesión pequeña, local, privada y personal
abstraída del universo exterior, cuando deja de
estar encerrada en esta caja que es el cerebro
(¡como si eso fuera posible!), mi mente
es inmensa, omnipresente, libre,
una con el universo, más alta que
el mismísimo cielo.

Visto así, el mundo sigue siendo el viejo mundo
de siempre, y sin embargo,
es completamente diferente.

Ahora está impregnado de una mente y de
un significado que he dejado de abstraer de
él. Todo él se da *ahí* porque ya no reclamo
ninguna de sus partes como propia. Se vuelve
sano, cuerdo. Tiene sentido. Es amado.

Por fin soy libre para disfrutar
de la gente y del mundo tal
y como se presentan,
desde su misma Fuente Vacía.

DESPERTAR

¿Qué es el Despertar, la Iluminación, la Realización?
¿Despertar de qué? ¿Iluminarse respecto de qué?
¿Realización de qué?

Es despertar de todo lo que imaginas, de todos tus sueños
e ideas preconcebidas, iluminarte respecto a los hechos
tal y como se presentan, realizar o comprender lo que
claramente eres ahora mismo según tu experiencia de
primera mano. Es ser por fin perfectamente honesto y
sincero contigo mismo sobre ti mismo. Es tener el coraje
y el atrevimiento, incluso el descaro, de dejarte guiar
por lo que ves en lugar de por lo que te han dicho. Es
cuestionarse y poner en tela de juicio todos los hábitos
mentales y las suposiciones convencionales, por muy
santas o de sentido común que nos digan que son.
Es una apertura de mente, una transparencia
y simplicidad totales y no dar nada por sentado.

En una palabra, es *descubrimiento*.

Lo que tienes que descubrir es tu propia naturaleza. ¿Quién eres tú? Solo tú estás en posición de averiguarlo, porque todos los demás están en otro lugar, fuera del centro. Únicamente tú puedes investigar lo que es ser tú.

No existe para ninguno de nosotros (ni siquiera para los más «espirituales») una liberación meramente humana o personal que deje fuera o excluya al mundo natural. La verdadera iluminación no es tal si no ilumina a todas las criaturas de la tierra y de los cielos, por muy grotescas, remotas o repugnantes que sean. ¿Cómo podríamos siquiera comenzar a desprendernos de cualquier parte de ese Uno en el que vivimos, separarnos y tener nuestro propio ser?

Si la iluminación no es cósmica, es una ilusión.

EL MOTOR INMÓVIL

El arte de lidiar con estos
sucesos inexorables es el
arte de descansar en lo
que subyace en ellos...

*...el arte y la ciencia de ser
conscientemente el terreno que soporta
toda esa conmoción sin que él mismo se
vea perturbado en lo más mínimo.*

Aquí eres la base, el fundamento, los cimientos del mundo, el lugar en el que todo comienza y todo termina. Eternamente uno y el mismo, eres el Motor Inmóvil.

El mayor obstáculo es la autosatisfacción, la ausencia de necesidad. ¡Mucho es lo que pierde quien, al ser tan bueno como ser humano, nunca siente el impulso de descubrir qué más es! Alguien así no puede ganar ni tan siquiera este mundo si pierde su alma, la cual pertenece a todos los mundos.

Estar tan bien equilibrado como para no molestarse nunca en avanzar en la dirección de la Totalidad es la peor clase de excentricidad que puede haber.

AYUDAR
AL MUNDO

Cuando ves la verdad lo haces tanto
por ti mismo como por los demás,
porque Quien lo hace no es un
individuo, sino el Uno que es la
realidad interna de todos estos
concursantes que aparecen sobre
la faz de la tierra.

Nuestra iluminación no puede evitar derramarse sobre
todos los seres, por la simple razón de que *somos* ellos.

Si en este momento ya estoy padeciendo la enfermedad de la confrontación al relacionarme contigo, ¿de qué sirve tratar de resolver el mismo problema de confrontación a otros niveles —nacional e internacional—, o la confrontación entre sexos, grupos étnicos, religiones, ideologías, bloques de poder, etc.? En otras palabras, el servicio al mundo comienza en casa, porque cuando descubrimos Quién somos comprendemos que somos el mundo.

Cuando te identificas con el tipo del espejo, este le da la espalda al mundo. Le dice: «Ya tengo suficientes problemas. ¡Fuera de aquí!». En cambio, el Uno que realmente eres nunca podría darle la espalda al mundo; lo abraza y lo acoge en su seno, *es* el mundo mismo. Y esto no es porque seas especial, sino porque siempre has sido así.

¿Qué es exactamente —me pregunto a mí mismo— este Él estremecedor, esta Ella desvergonzada, este Ello sin censura? Su esencia es ser consciente, la Luz Única de la Conciencia que ilumina al mundo entero y a toda criatura en la que este se manifiesta. En lo que a mí respecta, veo que esta Luz Indivisible está aquí, justo donde estoy, de lleno en el Centro de este mundo tal y como se presenta, más cerca que cerca, en el mismísimo corazón de mi núcleo más central y esencial.

> *Lo que aquí encuentro no es una mera chispa de ese Fuego, sino el mismísimo Horno abrasador.*

Puedes pasar un millón de años escudriñando a tu alrededor, rebuscar en el universo entero, probarlo todo con todos los instrumentos posibles, y ni aun así encontrarás en ningún momento ni en ningún lugar ni el más leve atisbo de conciencia, ninguna voluntad que no sea tu voluntad, ni el más mínimo resquicio de algún otro YO SOY.

Jamás encontrarás nada ni nadie que se parezca siquiera ligeramente a este Ser, a este Yo tuyo, pues es absolutamente único, inigualable e indescriptible.

Dios en su totalidad está justo donde estás ahora y en ningún otro lugar. YO SOY es uno. No hay un segundo YO SOY que pudiera ocupar tu luz, que pudiera soportar la más mínima oposición.

EL CENTRO DEL CORAZÓN

Todo es según
tu voluntad
porque eres
Aquel que es.

GLORIA

No creas lo que te estoy diciendo; compruébalo
por ti mismo: que todas las cosas sin excepción están
impregnadas en su aroma e iluminadas
con su esplendor cuando se observan
conscientemente desde su Origen.

Siempre hay una gloria. Siempre.
Para encontrarla, sé el Lugar del que procede.

De ninguna manera puedes ignorar tu misterio
y tu grandeza. De ninguna manera puedes
dejar de ser lo Mejor, lo Más Grande, el Único
y Verdadero (pues, en última instancia,
no tiene principio ni fin).

¡Es mucho más difícil tener que
soportar nuestro esplendor
que nuestras miserias!

EL ÚNICO

Realizar nuestra verdadera naturaleza es
comprender que somos lo Único que existe.

Se trata de una paradójica combinación de
adoración, admiración y asombro ante el Uno,
mientras que al mismo tiempo somos conscientes
de que todo esto es la experiencia que el Uno tiene
de sí mismo.

La Conciencia que tenemos de nosotros mismos
no es más que la Conciencia que Dios tiene
de sí mismo.

◲

El único remedio real para el sentimiento de soledad
es nuestra Unicidad, nuestra verdadera Soledad. Y
esta Unicidad es la cumbre de toda experiencia, la
joya más brillante y resplandeciente de la corona.

Solo hay Uno, el Único, y solo hay un lugar
en el que poder encontrarle:

Nunca en los demás,
nunca ahí fuera,
sino únicamente
aquí dentro, donde
se da la conciencia.

La conciencia solo
se da en un lugar:
toda ella se da aquí y
toda ella se da ahora.

REAL

*Esta Vacuidad no es un simple vacío,
no es mera ausencia, sino que es
Autoconsciente.*

Es la Autoconciencia misma, y eso
la convierte en algo muy distinto
de un vacío que tan solo fuese
una ausencia inconsciente. En
segundo lugar, está llena hasta
los topes, llena de todo lo que
alberga, de lo que sea que
esté apareciendo. En tercer
lugar, se dice a sí misma:
«Esto es real. Yo soy
esto. YO SOY». En su
seno lleva su propia
justificación interior.

Se autovalida desde dentro, y cuando se
experimenta no es posible ponerla en duda.
Al fin y al cabo, es de lo que más seguro puedo
estar, pues yo mismo soy eso. Todo lo demás son
cosas que sé de oídas, cosas periféricas, remotas,
cambiantes, inescrutables y producto de la
ignorancia. En cambio, conozco esta Claridad
porque soy esta Claridad. Aquí y solo aquí tengo
acceso a esta información interna; todo lo demás
son conocimientos externos.

**Por todas estas buenas razones,
afirmo que es real y que,
en comparación,
todo lo demás es irreal.**

*En vano trato de encontrar nombres,
etiquetas adecuadas con las que
poder referirme a esta No-existencia, la
cual es infinitamente más real
que cualquiera de sus productos, que
cualquier cosa que exista.*

PODER

Como la Divinidad misma, como el Espacio en el
que todo aparece y como la Fuente de todo, eres
responsable de todo lo que ocurre. No existe ningún
segundo Poder. Quien eres real y verdaderamente
lo ha hecho todo, lo está haciendo todo. Pero
fíjate en si este Espacio que eres tiene que *hacer
algún esfuerzo* para crear sus contenidos. ¿Acaso
tienes tú, quien contempla la escena, la sensación
de tener que pretenderlos, idearlos, de tener que
hacer que las cosas encajen, ser su causa o tener que
mantenerlas? Solo tú puedes responder, pues solo
tú eres responsable de ello.

¿No es más bien que todo fluye desde tu Ser
espontáneamente, sin motivo y sin tener que pensar
en ello, como un interminable subproducto de
Quien eres?

La lista de las cosas
que ni siquiera tú puedes hacer
es interminable.

Al mismo tiempo,
eres omnipotente
en el sentido de
que, aceptando la
coexistencia y el choque
de los opuestos como el
precio a pagar (un precio
escandalosamente alto,
pero no prohibitivo) por
disponer de un cosmos,
le dices ¡SÍ! con toda tu
energía. SÍ a todo y a pesar
de todo. SÍ porque esto
(con todos sus asombrosos y
horribles detalles) es lo que
eres, y SÍ porque *deseas*
lo que eres.

TÚ

Cuando empiezas a llevar esta vida
heroica —es decir, a vivir desde
tu Verdadera Naturaleza—, también
tu naturaleza periférica y humana
se ve beneficiada.

Todo
es
Tú.

Aunque no puedas saber con antelación cómo o cuándo, puedes contar con que tu Yo (el héroe superhumano) le ofrecerá a tu yo (ese humano que no es ningún héroe) una mano amiga y le echará un cable ahí donde sea necesario.

¿Cómo podrías temerte a Ti Mismo? ¿Cómo podrías despreciarte a Ti Mismo, estar resentido Contigo Mismo o aburrido de Ti Mismo?

¿Cómo podrías no amarte a Ti Mismo?

AUTORIGINACIÓN

¿No te parece
sorprendente y fascinante el
milagroso (no, ¡imposible!) surgimiento
del Uno que se crea a Sí Mismo a partir del caos
primordial y de la noche más oscura, sin ayuda ni razón,
levantándose a Sí Mismo hasta llegar a la existencia
agarrándose de sus propios (e inexistentes) tobillos?

Si así es, puedo asegurarte que eres tú como Él, y
ciertamente no tú como Jane, como Henry o quien
sea, Quien está lleno de admiración y perplejidad,
Quien salta de alegría y se zambulle en esa Dicha
tan especial que se origina a partir de ese Milagro
interminable tan sumamente particular.

Es el Milagro de Su Autocreación, tras el cual
la creación de miles de millones de universos,
todos ellos funcionando perfectamente bien,
no es nada especial, una mera
cuestión de rutina.

En el Reino de los Cielos eres mucho más eficiente.

Aquí, llegas a reconocer y dejar que se manifieste cada vez más esa capacidad práctica, ese asombroso saber hacer de la mismísima Fuente de las cosas. Gradualmente, *Quien* eres va encontrando menos obstáculos para ocuparse y cuidar de *lo que* eres. La técnica es muy simple y precisa (y en modo alguno automática). Es esta: independientemente de a qué estés atendiendo ahí fuera, presta atención también a Aquel que atiende aquí dentro, de modo que tu mirada se dirija hacia dentro al menos en la misma medida que hacia fuera. Así, te ves a ti mismo como el Espacio para todo eso; para esas manos o esos pies tan ocupados haciendo lo suyo, para ese bisturí, pincel, arco, cincel o bolígrafo tan extrañamente diestro que está siendo animado por el verdadero Virtuoso.

Cada vez habrá menos circunstancias en las que pasarás por alto al Observador, hasta que llegue un momento en el que te resulte imposible hacerlo, y poco a poco se irá afianzando en ti la idea y el convencimiento de que es el mismísimo Uno quien posee el saber hacer último, la «imposible» capacidad de ser su propio Origen, su propio Inventor, de presenciar su propio surgimiento incesante, sin razón alguna y sin ayuda.

SABER HACER

Como es lógico, la entrega consciente a este Experto nos asegura que todo lo que hagamos, desde la más humilde tarea hasta la más sublime obra de arte, se realice mejor: más fácil, rápida y placenteramente que si fuese una mera persona la que tuviese la sensación de estar haciéndolo.

Compruébalo
por
ti
mismo

HUMILDAD

Ahora bien, podríais pensar que lo que aquí se está diciendo es blasfemo, que ver que donde estoy no hay más que el misterio y la majestuosidad que subyace tras el universo es puro orgullo y arrogancia.

Pero la verdadera arrogancia sería decir que dirijo aquí, en una apartada y solitaria esquina, una pequeña tiendita del Ser, aparte e independiente (o casi) de Dios, quien regenta el gran supermercado del Ser. La verdadera humildad dice que mi ser es ese Ser.

La verdadera humildad es ver en qué y en quién yace mi ser.

Al mismo tiempo, esta Realidad es, en cierto sentido, completamente diferente a mí. Es decir, es absolutamente misteriosa, adorable, incognoscible y extraordinaria, el gran Uno que se da origen a Sí Mismo y del que todo surge.

Aquí nuestras diferencias
se hunden, desaparecen;
o mejor dicho, *nosotros* nos
    hundimos y nuestras
        diferencias quedan
        flotando en la superficie.
    Toda acción es inclinarse
para conquistar, y esta inclinación
es la degradación absoluta.

Mientras que la Experiencia de nuestra Naturaleza se sirve (si es que lo hace) completa, de una sola vez, en una única ración infinitamente generosa, su significado queda oculto o retenido en su mayor parte. Normalmente se va dando en pequeñas cantidades, otras veces se vierte con más generosidad, pero jamás se ofrece en su totalidad. La última palabra sobre Esto nunca se pronuncia, la idea suprema y omniabarcante nunca se concibe, el sentimiento más profundo nunca se sondea.

SENTIDO

A decir verdad, nuestra Fuente no tiene ningún
sentido. En Sí Misma está infinitamente más
allá de todas esas cosas limitadas y
limitantes, porque nada que se pueda
decir, pensar o sentir sobre
Ella es Ella.

La Fuente de todo sentido se encuentra ella
misma mucho más allá (y está
absolutamente libre) de todo
lo que procede de Ella.
Y Tú eres Eso.

LIBERTAD

La libertad es gratis.

Cuando soy inmenso de forma consciente
(es decir, cuando dejo de ser una cosa
entre otras cosas, una conciencia
entre otras conciencias) quedo
Liberado y, a pesar de todo,
el mundo está bien porque
todo él es yo.

Descrito en términos negativos,
es mi forma de salir del más estrecho de los
confinamientos, mi vía de escape de la más
segura de las prisiones.

Descrito en términos positivos,
es mi camino de entrada en la absoluta

PROPÓSITO

¿Cuál es el propósito de la vida?
Como yo lo veo, y como lo vieron también los
grandes místicos de todas las grandes religiones,
el propósito de la vida es simple: la unión
consciente con nuestra Fuente.

Como dijo Meister Eckhart:
«Dios está dentro, yo estoy fuera». Y también:
«¡Cálzate las zapatillas de saltar y alcanza
a Dios de un brinco!».

Salta de tu apariencia a tu Realidad. Es nuestra
misión saltar a ese lugar que nunca jamás
hemos abandonado.

SANACIÓN

Por decirlo claramente,
todos mis problemas
psicológicos se reducen
al problema de mi
Identidad.

Solo se resuelven prestando atención al Uno que está aquí, a esta Primera Persona que se supone que los tiene. Aquí se encuentra el único análisis profundo, la única terapia que llega a la raíz del problema, la única cura duradera de mi enfermedad. Aunque puede que los resultados tarden en manifestarse (y, una vez que lo hayan hecho, que sean más claramente manifiestos para los demás que para mí mismo), este método de sanación es económico, integral, infalible, ha sido probado exhaustivamente durante miles de años, está disponible de forma instantánea, y (aunque en cierto sentido el precio que hay que pagar por él es el mundo entero) es prácticamente gratis.

Todos estamos más o menos enfermos hasta que descubrimos por medio de la Autoindagación nuestra Unidad con todos los demás.

Tan solo Dios, nuestra Completitud, es la culminación, el remedio curativo de los fragmentos que somos. Él es lo que deseamos, y no somos nosotros mismos sin Él. Hasta que no nos perdamos en Él, seguiremos perdidos.

LA LÍNEA DE FONDO

Por encima de tu Línea de Fondo

se encuentra el lugar Sin Elección.

Ahí fuera todo está atrapado y entretejido en una apretada maraña de condicionamientos mutuos y la libertad no es más que un sueño. En cambio, la Línea de Fondo es en sí misma el lugar de la Elección. Aquí se encuentra el único lugar en el que la libertad es real, en el que vemos que no hay nada que atar ni nada que pueda ser atado.

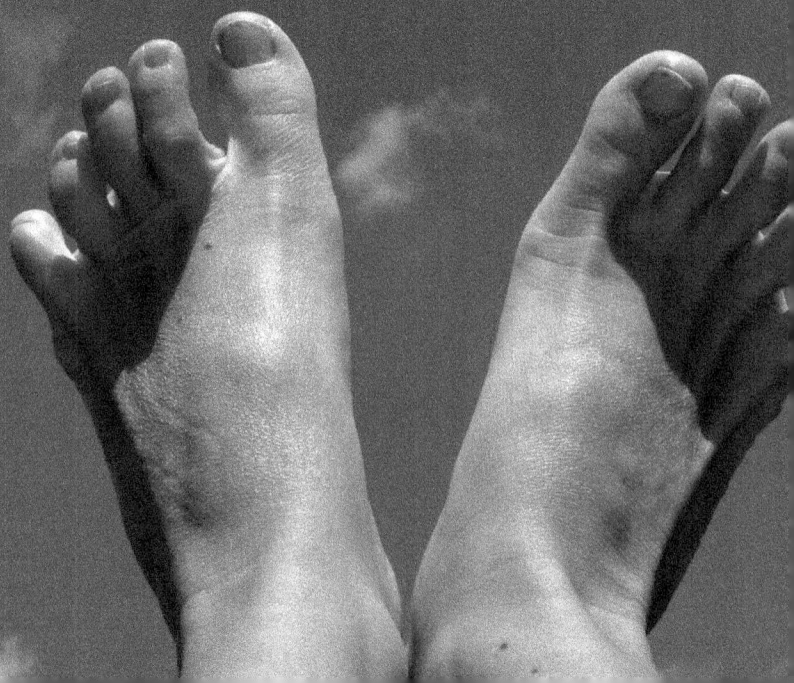

Nuestra libertad no consiste en negar todo lo que nos conforma y reafirmar nuestra propia voluntad personal. Al contrario; su verdadero fundamento se halla en nuestra voluntad de aceptar toda necesidad, de modo que estas dejen de ser meramente externas.

Somos libres en la medida en que unimos nuestra voluntad a la de Dios.

Podemos elegir entre Su libertad o nuestra esclavitud.

Ahora que al haber dejado de estar tan arrogantemente seguro sé lo que es ser yo, me atrevo a comenzar todo de nuevo y *rendirme ante la evidencia*, tanto de manera metafórica como real.

Me inclino y hago una reverencia tan profunda que llego al mismísimo borde de mí mismo y de mi mundo, a la *Línea Base* o *Línea de Fondo* de la que todo surge; una frontera que no me impide mirar más allá de ella, hacia la infinita Fuente de Todo, espléndidamente expuesta y, al mismo tiempo, asombrosamente misteriosa.

Aquí no estoy en una situación en la que pueda decir «yo soy esto, aquello o lo de más allá», sino simple y llanamente «YO SOY». Y, por detrás de este YO SOY, está el NO SOY del cual surge, sin razón, sin motivo y sin limitación o restricción alguna.

MISTERIO

La conclusión final es que sé que soy incognoscible.
Mis cimientos y mis raíces se hunden en un completo
misterio, en el desconocimiento, en la inefabilidad,
en la inconsciencia.

Aquí, completando mi rendición ante la evidencia,
llego al lugar más subestimado y poco valorado
del mundo, al lugar que es reemplazado por el
No-lugar, el *terminus* de todo *termini*, único,
desconcertante, el Misterio que
es más que digno de mi
humilde reverencia.

REDESCUBRIMIENTO

El
descubrimiento
de que estoy
absolutamente bien tal como
soy (como YO SOY) ha de ser
actualizado una y otra vez mediante
su paciente redescubrimiento hasta
que todo rastro de artificio o esfuerzo,
todo sentido de logro, se haya
desvanecido.

Hasta que se convierta en la
vida cotidiana en aquello que
en realidad siempre
fue: nuestro estado
natural.

Descosificarnos (dejar de considerarnos como una cosa) cuando todo va bien es una buena práctica que nos ayuda a crear un hábito saludable, pero descosificarnos cuando todo va mal es aún mejor, pues en ese caso el acto de regresar a nuestro Centro deja una impresión mucha más profunda, y hace que sea mucho menos probable que en el futuro la vida nos pille despistados o durmiendo la siesta.

Si bien vernos a nosotros mismos de forma intermitente como Capacidad es la cosa más fácil que se puede imaginar, no resulta nada sencillo mantener esa visión. ¿Qué otro desafío podría compararse con esta gran aventura que nunca llega a estar completa, y que, no obstante, siempre está completa, pues ya desde el primer paso del camino podemos disfrutar de haber alcanzado la meta?

PLENITUD

Este vacío inmenso y autoconsciente
que encuentro aquí no está
simplemente vacío.

Está vacío para ser llenado.

En última instancia, nadie ni nada
queda fuera. De hecho, no estoy bien,
                no alcanzo la plenitud,
                no estoy del todo
                cuerdo, no me hallo
                «completamente
                ahí», hasta que
                soy la Totalidad.

Por decirlo de otro modo:
¿Es el universo pleno, total, está
completo, cuando yo lo divido en un
observador aquí y un objeto
observado ahí, en una parte que
soy yo y otra que no soy yo?

Para poder gozar del universo como
un *Uni*verso y dejar de sufrirlo como
un *Duo*verso, no he de ser ninguna de
sus partes en el centro y he
de ser todo él en la periferia.

**Son dos caras de
la misma moneda.**

La doctrina básica de la filosofía perenne es que
tú y yo somos Dios mismo viajando de incógnito.
Aquel que todos somos en verdad es la realidad
una que subyace bajo todas las cosas: llámalo
Dios, Naturaleza Búdica, *Atman-Brahman*
o como más te guste.

Lo que yo hago no es más que conectar con
esta sabiduría perenne (celebrarla y vivir en
base a ella) que constituye el corazón de todas
las grandes religiones. Ahí está; desapercibida,
descuidada, pasada por alto, despreciada,
negada... pero ahí está.

En el mismísimo núcleo central de las grandes
tradiciones religiosas (velada, descuidada,
con frecuencia vehementemente negada por
expertos religiosos, pero sin embargo
la raíz primaria que sostiene y de la cual surgen
estas tradiciones) hallamos esta realización
perfectamente lúcida, simple, asombrosa y
hermosa. Es una proclamación sobre *ti mismo*.

FILOSOFÍA
PERENNE

No eres una mera chispa de ese Fuego
Eterno, un simple rayo de la Luz Única
que ilumina a cada hombre, mujer y niño
que aparece en que el mundo.

Tú eres la totalidad de ese Todo,
el cual es estrictamente indivisible.

LA VERDADERA ESPIRITUALIDAD

Hasta que no ubique con certeza mi «humanidad» (mi ser humano) en el lugar que le corresponde, ahí fuera entre todos esos otros seres humanos, hasta que no la sostenga ahí, en el exterior, con las manos desnudas, siempre existirá el peligro de que logre arrastrarse hasta aquí e infectar mi Centro Divino, reduciéndolo así a una horrenda (y, de hecho, diabólica) ilusión de grandeza.

Lo que encuentro realmente difícil e inaceptable es esa insustancial dependencia de las palabras, de los conceptos, de tanta supuesta espiritualidad. La verdadera espiritualidad es real, mundana, terrenal, concreta; es volver a casa, abandonar nuestra apariencia para llegar a nuestra realidad.

◼

Como dijo el Buda, dirigiéndote hacia fuera no alcanzarás el lugar en el que se encuentra el fin del sufrimiento.
Lo alcanzarás regresando a ti mismo.
Somos terriblemente buenos a la hora de mirar en *esa* dirección, pero pésimos cuando se trata de mirar en *esta* dirección.

El *nirvana* es la orilla bañada por el océano del *samsara*, el lugar en el que se encuentran; y la Sabiduría es contemplar esa orilla y ver que está absolutamente despejada y vacía. El alivio del sufrimiento consiste en tomar como base de la propia existencia esa costa inefable pero conspicua, en emanar conscientemente de ella.

AGRADECIDO

No es un milagro que esté
ocurriendo en algún otro
lugar; está teniendo lugar
Aquí, justo Aquí.

Eres un mago que se saca a Sí
Mismo de este sombrero del
No-Ser, y no tienes ni
la más mínima idea de
cómo lo haces.

Me pongo del lado de aquello
que no soy capaz de entender.

Me siento agradecido
por el milagro de Ser.

En última instancia, estoy agradecido y asombrado
ante el hecho de que no haya simplemente nada,
una mera noche oscura de inexistencia.

CONOCIMIENTO

No sé lo que pienso hasta que
escucho lo que digo, hasta que
oigo las palabras que brotan
de mi No-boca.

Se requiere toda una vida de estudio para llegar al convencimiento de que no sabemos nada, de que no hay nada de lo que podamos hablar con conocimiento.

Los místicos confirman y completan esta conclusión al afirmar que el conocimiento más elevado que podemos tener de un objeto es saber que es absolutamente incomprensible.

Al tratar de encontrar una explicación, el primer paso consiste en convertir lo misterioso en común, pero enseguida nos encontramos con que lo común también se vuelve misterioso; y nuestra tarea seguirá inconclusa mientras sigamos creyendo que sabemos algo, sea lo que sea.

Solo al ser conscientes de nuestra total ignorancia la superamos.

¿Estamos cara a cara, en relación simétrica, como un objeto que está frente a otro objeto, cada uno excluyendo al otro? Todo lo contrario. Aquí, donde estoy, no hay ninguna cara, ni el más leve resquicio de nada con lo que pudiese mantenerte alejado, con lo que resistir tu invasión. Me guste o no, estoy tan abierto a ti que tu cara es mía y no tengo ninguna otra.

INTIMIDAD

Esta intimidad es el paradigma de toda
intimidad, infinitamente profunda y
total, inmensamente satisfactoria... una
vez que tengo la humildad y el coraje de
ser consciente de ella. En este sentido,
la consciencia es crucial.
Soy plenamente consciente de la forma
perfecta en que me ofreces tu rostro,
de la manera perfecta en que lo recibo.

◻

A nivel práctico, la diferencia que
supone este descubrimiento en nuestras
relaciones es inmensa y acumulativa.
De hecho, todo se reduce a que *no nos
relacionamos* en absoluto con ninguna
otra persona, sino que *somos* esa persona.

CIENCIA

La espiritualidad que niega
los hallazgos universalmente
aceptados de la ciencia
moderna en todos sus niveles,
o que se niega a asumirlos y
a adoptarlos de buen grado,
en realidad no es más que una
patética y moribunda parodia
de la espiritualidad.

Por el contrario, aquella
espiritualidad que encuentre
en estos hallazgos una rica,
preciosa y verdaderamente
divina revelación de (y para)
nuestro tiempo, justo lo que
se precisa para tratar nuestra
lamentable condición, esa
estará bien vivita y coleando.

Si bien coincido en que nuestra ciencia moderna es válida (y, de hecho, indispensable hasta donde alcanza su ámbito de actuación), sostengo también que la sabiduría ancestral va mucho más allá, que en un sentido muy real es más científica, más sensata y racional, que lo que la ciencia, tal como la conocemos, podrá llegar a ser nunca y que, de hecho, constituye su complemento tanto a nivel práctico como teórico.

Dicho de otro modo, afirmo que la ciencia objetiva occidental es solo la mitad de la ciencia real (siendo la otra mitad la ciencia del Sujeto o de la Primera Persona) y que todos nuestros problemas se deben a que creemos que es la única que existe.

No hay ningún
destino, ninguna
fuerza, ningún
factor que vaya
contra mí fuera de
la Primera Persona
que soy. Hasta
las cosas más
desagradables que
me suceden como
tercera persona
son en realidad
mi profunda
intención como
Primera Persona.

FUERZAS

Por lo tanto, le digo ¡SÍ! a la vida,
y esta es la verdadera terapia.

MIEDO

Siempre temo, odio, envidio, o planeo destruir al *otro*. Demuéstrame que existe un nivel en el que yo *soy* tú y tú *eres* yo y todos los aspectos de nuestra alienación mutua habrán desaparecido.

Aquí, disfruto como mía esa cara tuya. Aquí, te *tengo* como objeto y *soy* tú como sujeto, de modo que asumo tanto tu apariencia como tu realidad. ¿Qué podría ser más íntimo que esta doble intimidad?

¿Cómo podría temerte a ti, que eres yo mismo?

No es de extrañar que la Experiencia esencial sea descartada de un modo tan sumamente arrogante, que sea tan mal recibida y que no nos fiemos de ella en absoluto: bajo la superficie, a todos nos aterra nuestro propio Vacío. Hasta que su beneficencia y fertilidad tan inagotables y sobrecogedoras no comienzan a tomar forma, es normal que no solo nos parezca un sinsentido, sino también un suicidio, mera aniquilación.

Sin embargo, no es malo tener miedo, pues eso significa que nos encaminamos hacia el único refugio que nos puede proteger de todo peligro, de todo estrés y todo miedo; hacia esta Seguridad incomparable, el Lugar o el No-lugar en el que siempre hemos estado.

PERDERLO TODO

Estas ruedas mías, tan anchas como el mundo, no pueden existir
ni girar sin este centro inmóvil; este cuerpo mío que es el mundo
entero no cuenta con ningún órgano que sea tan vital como este
corazón de corazones que está más allá de lo vital y, de hecho,
de lo físico. Aquí se encuentran reunidas en uno solo la llave,
la cerradura y la puerta (esta oquedad central que es la llave del
Reino, la cerradura que conduce al País de las Maravillas,
y el ojo de aguja que es la puerta del Cielo).

GANARLO TODO

A través de este Punto de entrada estoy en todo el mundo y todo el mundo está en mí. Y si una vez que ya he entrado soy capaz de muchas cosas, es porque capacidad significa espacio; si soy una especie de junco pensante es porque, al igual que los juncos, carezco de núcleo central. *Cogito ergo NON sum.* Y el sentido común, que constantemente trata de rescatar algunos enseres miserables para mí, no hace sino quebrantar las condiciones de esa póliza de seguros universal por la cual quienes lo pierden todo reciben una compensación absolutamente ilimitada.

Tu verdadera naturaleza es la paradoja que resuelve
todas las paradojas: no hay nada que no seas tú y nada
que seas tú; el Espacio Consciente es y al mismo
tiempo no es sus contenidos; todo te importa y nada te
importa; controlas las cosas y, a la vez,
estas simplemente suceden.

PARADOJA

Esto puede sonar tonto, pero de hecho
es la perfección de la sabiduría.
Una perfección que funciona.

La vida espiritual es una paradoja en sí misma;
es la unión de los opuestos, es como comerse
un pastel de cereza y que, al mismo tiempo,
este siga intacto en el plato.

Es ella la que nos encuentra a nosotros en
todos los momentos de nuestro camino
de regreso al Hogar; y nos halla
sentados, con los pies hacia arriba,
junto al fuego del amor de Dios.

Lo extraño del sufrimiento es que, al aceptarlo, lo atravesamos y alcanzamos la paz subyacente que está más allá del entendimiento. Hay quienes parecen sugerir que cuando vemos Quién somos el sufrimiento desaparece.

Es al revés. En cierto modo, es exactamente lo opuesto a eso.

Lo que hacemos es aceptarlo, abrazarlo, asumirlo por completo.

Nos hacemos cargo de todo el dolor de la creación, no solo del sufrimiento humano sino de toda la trágica historia del mundo y del sufrimiento del resto de las criaturas, pero no porque seamos buenas personas o unos beatos, sino porque no tenemos otra opción. Esa es sencillamente la forma en la que estamos hechos y el camino a seguir.

SUFRIMIENTO

Date cuenta de que no estoy
diciendo que vivir conscientemente
desde tu verdadero Centro vaya
a hacer que tu vida sea segura,
indolora, fácil o sistemáticamente
alegre.

Las verdaderas aventuras están hechas de
experiencias más duras que eso; abrazamos el
sufrimiento del mundo en la misma medida que
su esplendor y su emoción.

La verdadera alegría, la alegría que no
tiene sombra y no conoce alteración
alguna es aquella que ha pasado
por el fuego.

Se podría decir que
el remedio para
el sufrimiento es
homeopático.

La solución a un problema, sea cual sea este, está en ver *de quién* es, *quién* es ese que lo tiene; no entender, sentir o pensar quién tiene el problema, sino dirigir la mirada de verdad a ese QUIÉN y esperar a ver qué es lo que emana de esa contemplación. Independientemente de lo que necesites, siempre puedes recurrir a este ver y este esperar.

Lo demás no está en tus manos.

Observa, fíjate en lo que sucede,
y confía en ello.

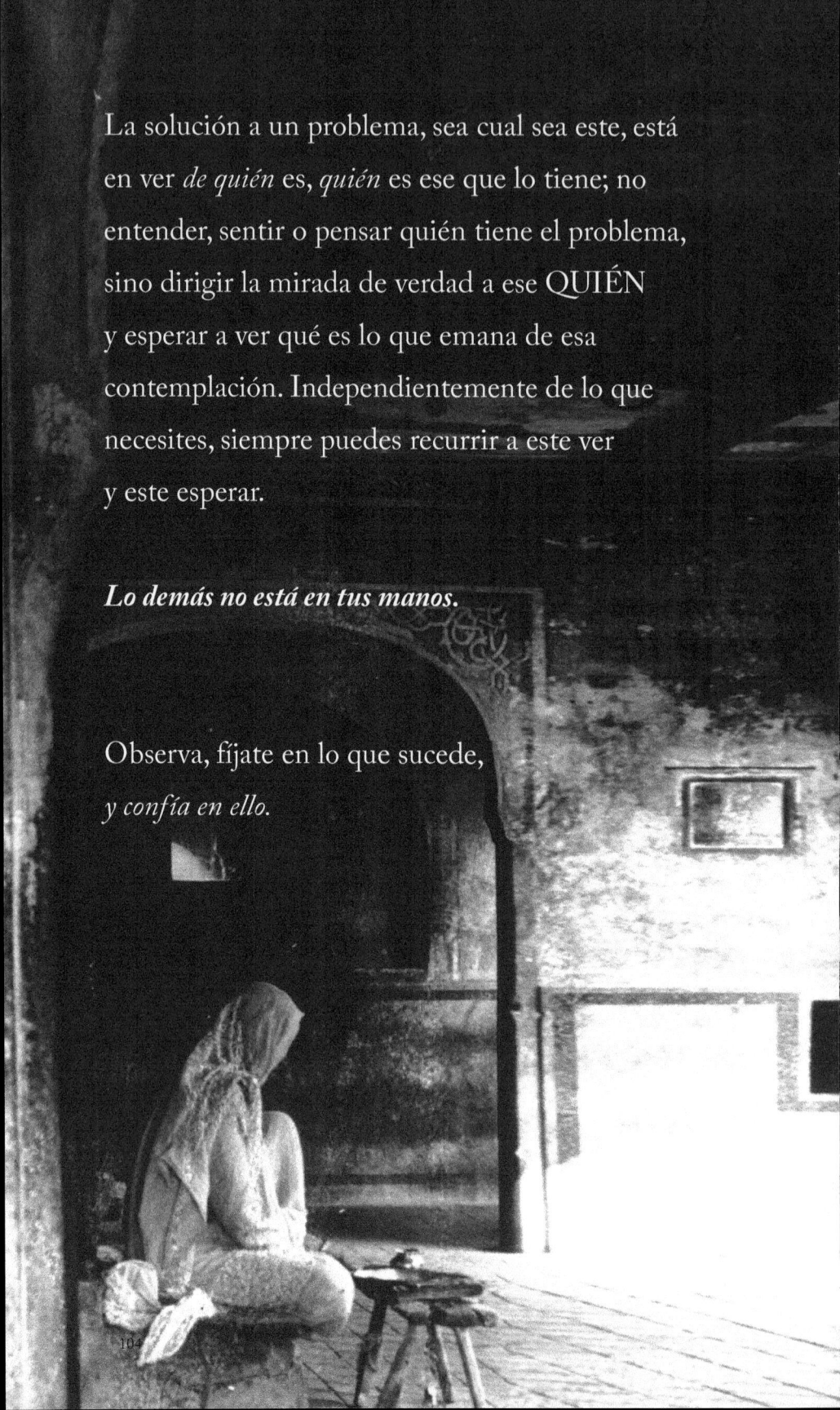

FE

Para
encontrar
la respuesta
correcta en
el momento
adecuado,
confía en
Quien
eres.

ADORABLE

Si miramos de verdad,
con total sinceridad,
a buen seguro
nos daremos
cuenta de
que estamos
hechos para
amar.

Estamos
diseñados para
estar abiertos,
para ser
capacidad
para el otro.

Cuando nos experimentamos a nosotros mismos
como espacio para el otro, escuchamos, observamos,
atendemos, le prestamos atención. Por su parte,
el otro se siente atendido, valorado, siente que nos
estamos ocupando de él, porque, a fin de cuentas,
si no tenemos nada donde estamos (ningún rostro,
nada en absoluto), ese otro nos está haciendo
un maravilloso servicio al proporcionarnos
toda esa escena tan fascinante.

◼

Significa que vamos a dejar que los demás sean
lo que son, porque el espacio no tiene forma de
manipularles, usarles o explotarles. El espacio
es muy paciente, muy hospitalario.
Y esto es algo totalmente distinto de la base
imaginada desde la que se dan normalmente
nuestras relaciones personales, la cual es simétrica.
En cierto sentido, es la base misma del amor.

UNIDAD

En consecuencia, le digo a todos los seres, no
a la ligera, sino con todo mi corazón: «Aquí,
en el fondo de mi ser, como Quien soy real y
verdaderamente, soy el Uno que tú real
y verdaderamente eres».

Aunque podamos pertenecer a regiones y épocas
muy diferentes, tener rostros y aspectos muy
distintos o disfrutar de experiencias totalmente
opuestas del mundo, todos estos aspectos son
periféricos, meras cuestiones de accidente,
tiempo y contenido.

Todo eso queda trascendido en este Contenedor y esta Esencia única, central y eterna, en la que soy consciente de mí mismo como tú, y como tú, y también como tú, y así hasta el infinito.

Las barreras caen, nuestras heridas sanan, y volvemos a sentirnos bien porque somos Uno de nuevo.

Ten por seguro que un solo momento en el que te veas a ti mismo como «Vacío-para-todo» afectará profundamente a todas las cosas.

La mejor contribución que puedes legarle al futuro no es lo que dices, ni siquiera aquello en lo que trabajas y para lo que te esfuerzas, sino lo que *eres* ahora. Nada es tan cautivador como esta ausencia de estrés tan bien cimentada, esta serenidad impersonal que no puede hacer otra cosa que abrazar a todos los demás.

EVOLUCIÓN

Creo sinceramente que si ha de producirse un siguiente gran paso en nuestra evolución, este será el paso que nos lleve a nuestro Centro; el paso que daremos desde nuestro estado de conciencia presente a una nueva clase de conciencia concéntrica y basada en la Primera Persona. Seguiríamos sin alcanzar la utopía, pero ¡imagínate el inmenso Renacer que supondría!

Ver Quién somos es llegar al Centro en el cual resplandece una luz que ilumina la mente. Dejamos de tener tantas ilusiones en lo que se refiere a nuestras debilidades, nuestros problemas, nuestras dudosas motivaciones, etc.

Tenemos que pasar por la etapa del descubrimiento y ser responsables de nuestro yo único e individual.

Pero si la historia termina ahí... ¡vaya!, estoy en un gran aprieto, ya que ese pequeño yo (esa cosa con cara del espejo) es el certificado que asegura mi soledad y mi falta de sentido, pues un mundo que únicamente está formado por cosas carece por completo de sentido. Aquí no tiene cabida el amor. Tampoco la libertad. Es un mundo en el que cada uno celebra su propia individualidad separada: una receta segura para vivir en el infierno.

El infierno dice: «¡Fuera de aquí! ¡Ya tengo suficientes problemas!».

RESPONSABILIDAD

La Primera Persona no puede darle la espalda
al mundo; está de cara a él, vuelta hacia él.
Por eso nos resistimos a nuestra Primera
Persona, porque tenemos la sensación de que
ver Quién somos realmente supone tener que
abarcar el sufrimiento del mundo (y también
su alegría; lo que sea que este nos muestre).

EXPECTATIVAS

**Todas las cosas están en tensión,
sometidas a estrés.**

Al imaginar que somos una más de estas cosas,
adoptamos como propio su estrés, pero si nos damos
cuenta de que en realidad estamos vacíos para ellas,
nos liberamos de dicha tensión. Negar lo
que somos equivale a sufrir estrés.

***Para llegar al Cielo, deja que la vida
te detenga, que te arroje al suelo.***

Es seguro que tarde o temprano la vida obrará
de ese modo, que te defraudará y te dejará por
los suelos... Te hará caer por completo hasta
llegar a esa Red de Seguridad
que jamás te fallará.

No esperes *nada* de la Nada que constituye la base de la vida y así será imposible que te defraude.

Espera también *todo* de ella y, de nuevo, no te defraudará.

Lo que nos causa estrés es ser tan sumamente modestos en lo que le pedimos a la vida y esperar *algo* de ella —esta o aquella rosa concreta, y que no tenga pinchos—; eso es lo que nos impide disfrutar de todo el jardín de rosas.

En verdad me he olvidado por completo
de dónde residen mi abundancia y mi
grandeza, de lo inagotables que son y
hasta qué punto el creer que son mi
propiedad personal equivale
a mi absoluta pobreza.

Encuentro mi inefable tesoro al
lanzarme de cabeza y sumergirme
en el mar de la nada.

¡Es una ganga buenísima recibir el lote
completo (el mundo entero) a cambio de
esta cosa diminuta en el universo,
de este objeto mortal y defectuoso.
¡Eso sí que es sacar beneficio!

ABUNDANCIA

Perdimos este tesoro, esta riqueza y abundancia, al empezar a vernos a nosotros mismos desde el exterior; y ahora (por desgracia, la mayoría) nos pasamos el resto de la vida tratando de recuperar parte de nuestra herencia perdida.

Cuando vemos Quién somos realmente dejamos de ansiar todos esos objetos innecesarios que están ahí puestos simplemente como símbolo o como señal de nuestro tesoro perdido.

Cuando el mundo es nuestro, ¿qué
sentido tiene tratar de conseguir
   un millón de dólares?
    ¡Eso no son más
     que migajas!
      ¡Es patético!

SIEMPRE
DISPONIBLE

Ver Quién somos es la base, la raíz.

Según mi experiencia, no tiene cualidades. Está
desnudo, absolutamente desnudo, y por eso es
tan valioso, porque siempre está disponible
independientemente de cuál sea nuestro estado de
ánimo. Para esto no hay que mentalizarse o
prepararse psicológicamente. En mi opinión, Esto
está íntimamente relacionado con la relajación,
el bienestar y la excitación, el sentido de misterio
y maravilla, y todo esto, independientemente de
lo rico y abundante que pueda ser, me parece que
no es más que un pequeño afluente del Ser que
fluye corriente abajo. Y eso es bueno, porque este
Ver, esta Claridad, nos une a todos incluso cuando
no sentimos el bienestar o el misterio y todo nos
parece gris, monótono y aburrido.

AUTORIDAD

Tú eres la autoridad, el lector, el oyente, el ponente:
tú eres la autoridad; Douglas no es más que un mero
indicador, y lo que escribe, lo que dice o lo que hace,
es simplemente para dirigirte a la Fuente de toda
autoridad, Tú Mismo, tu Yo real.

Lo que hago es darte un empujoncito para que vuelvas
a disponer de tus propios medios, de tus propios recursos.

Todo lo que digo es para ponerlo a prueba; nada de
ello es para creerlo ciegamente. La única autoridad
es Quien eres, no tu naturaleza humana, sino
Quien eres real y verdaderamente. Lo único
que yo hago es señalar hacia eso.

Si algo de lo que digo te parece
inconsistente con esta autoridad
que está integrada en ti y que,
por supuesto, eres, ¡por el amor
de Dios!, no dudes en rechazarlo:
«¡Al diablo con ello!».

JUGAR
AL ESCONDITE

Intentar indagar y dilucidar en tu interior lo que es mi existencia equivale a destruirla, porque yo siempre estoy en otro lugar; para soy como un espejismo, como un arco iris. Si me tomo por lo que soy para mí mismo, lo que veo es que a mi alrededor están todas estas personas, árboles, nubes, estrellas...; los voy esparciendo a m alrededor como si fuese una centrifugadora gigante, dejando el centro vacío.

Si, por el contrario, me tomo a mí mismo por lo que soy para los demás, soy una hueste de criaturas de innumerables formas y tamaños; y aunque todas ellas pertenecen al exterior, yo las arrastro aquí dentro, como si de un imán muy potente se tratase, por lo que dejan de ser libres. En consecuencia, es imposible ubicarme aquí, en mi centro, ni en los centros de mis observadore regionales que están ahí fuera.

Soy algo así como un juego del escondite en el que el que busca y el que esconde nunca se encuentran porque cada uno se refugia en el otro.

Todos estamos de visita, pero como
nadie se queda nunca en casa para
poderle visitar, jamás se produce ningún
encuentro. Todos mantenemos la distancia
al intercambiar nuestros lugares y
vivimos de dentro hacia fuera.

Una de las razones por las que nunca
podemos encontrarnos es que en
realidad hacemos mucho más que eso:
nos convertimos el uno en el otro.

RESISTENCIA

Es extraño.
Creemos que queremos ver Quién somos;
creemos que queremos ser libres.

Pero percibo una gran resistencia,
en gran parte porque ver que
no somos nada parece ser
 el final de la historia.

Sin embargo, si rápidamente pudiésemos darnos cuenta
de que como «nada» también somos todas las cosas, sería
como conseguir el mundo entero a cambio de ese pequeño
individuo, y entonces comprenderíamos que en realidad es
un intercambio de lo más rentable.
No es perder, sino todo lo contrario.

Por supuesto que en muchas ocasiones decirle
«¡Sí!» a lo que me ocurre es terriblemente difícil,
pero resulta ser la receta para la única paz
que vale la pena tener.

Constato que aquí todas mis resistencias se
disuelven y de pronto me abro de par en par para
recibir lo que sea que me aguarde.

Así que, finalmente, la paradoja es
válida: mi voluntad se
cumple precisamente
porque no tengo
voluntad propia.

COMPORTAMIENTO

Según mi experiencia, cuando soy claramente
consciente de Quién está viendo, resulta
innecesario (y, de hecho, fatal para ese ver)
preocuparse por qué hacer, qué decir,
pensar o sentir: la expresión adecuada
de la Primera Persona ocurre de forma
natural y espontánea, como algo
normal, según las circunstancias.
El resultado es impredecible.

Si resulta ser poco convencional, alocada,
impactante o incluso perversa según
los estándares locales de la tercera persona,
bueno, eso es algo inevitable.
A la larga, es lo que se necesita.

Sé tener paciencia,

pero dejo de titubear.

Lo correcto se lleva a cabo por sí mismo
cuando de verdad se requiere.

Así que no tomo premeditadamente
la decisión de ser antipático, mezquino
o irritable, ni tampoco de alardear, de
comer en exceso, de robar, adular,
despreciar, enfadarme o estar de mal
humor (la lista es interminable),
aunque muy bien pudiera ser que
esta clase de comportamientos no
se diesen cuando dejo de prestar
atención a la Fuente de todo
comportamiento.

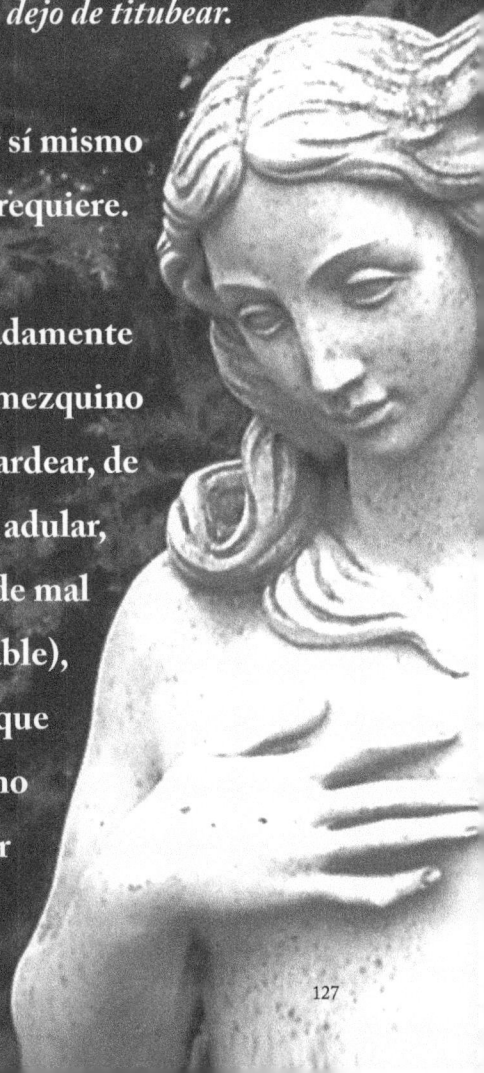

SENTIMIENTOS

Cuando la gente dice que no lo ve, generalmente quiere decir que no lo siente, que su paisaje interno le deja frío.

¡Pero por supuesto que es así! Y demos gracias a Dios por que así sea. Esta cuestión no tiene nada que ver con los sentimientos, sino con cómo es la realidad, con cómo son los hechos, con nuestra propia Naturaleza eterna y sin naturaleza, y no con el siempre cambiante caleidoscopio de pensamientos y emociones al que da origen.

Es la Verdad la que nos libera, y la Verdad no podría ser más simple; simple en el sentido de plana, sin adornos, en el sentido de descubierta, desvelada, evidente.

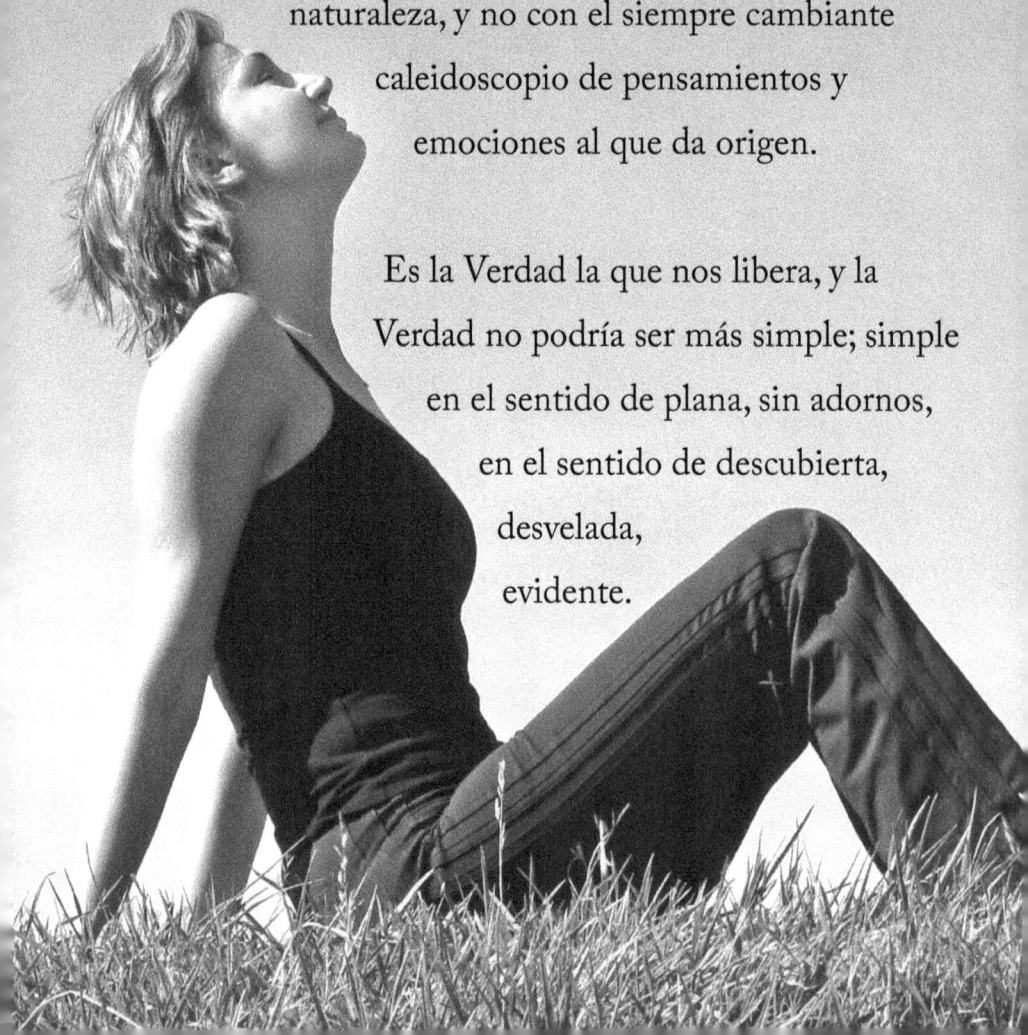

Siempre estamos tratando de manipular

nuestros sentimientos.

La única manera de hacer algo al respecto, quizá no
demasiado, es seguirles el rastro corriente arriba
y descubrir Quién los tiene.

Así es que los sentimientos, ya sean negativos o
positivos, son una oportunidad para ver Quién somos.
Esto no es algo simétrico sino asimétrico:
sentimientos ahí frente a No-sentimientos aquí.

El Espacio que soy no es un Espacio de sentimientos,
sino *capacidad* para estos. Mi naturaleza siempre es
estar libre de lo que sea que la esté llenando. Los
sentimientos vienen y van, y eso es lo que hace que
la vida sea interesante, pero Quien soy Aquí
no está sujeto a esas variaciones.

**Quien soy real y verdaderamente
es mi bendición, mi refugio.**

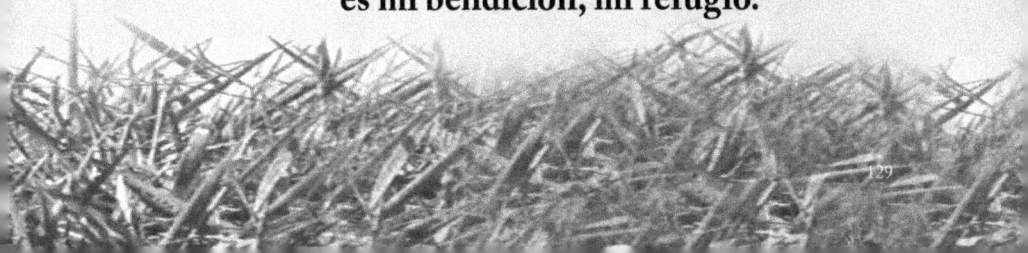

ETERNO

En cada lugar del planeta hay una hora
distinta, y cuando viajamos a algún sitio
consultamos *qué hora es* en los relojes locales.
En cambio, para saber qué hora es Aquí, en
Casa, lo que hacemos es acercar el reloj a
nuestro Ojo... ¡Únicamente para descubrir que
aquí *el tiempo no existe*!

Eres

intrínsecamente

eterno.

Ser consciente de este Ahora instantáneo, vivir en el momento presente, sin pensar en el mañana o el ayer, ha de ser mi principal interés, mi mayor preocupación. Y la segunda ha de ser encontrar en este Ahora todos mis mañanas y mis ayeres.

Ver Quién somos es algo que tiene lugar fuera del tiempo, porque ver Quién somos es Dios viendo Quién es Él Mismo.

ESPÍRITU

El Espíritu mismo, la Conciencia, el YO
SOY, el Ser que necesariamente *ha de ser*,
que de forma automática es su único ser
por toda la eternidad, es maravilloso.

Pero infinitamente más maravilloso es
el Espíritu, el Ser, que *no tiene por qué
ser*, la Conciencia que sin ayuda ni razón
alguna surge continuamente de la
No-conciencia, de la Nada
absoluta, haciendo de este
modo que esa Nada sea
extremadamente preciosa e
indispensable.

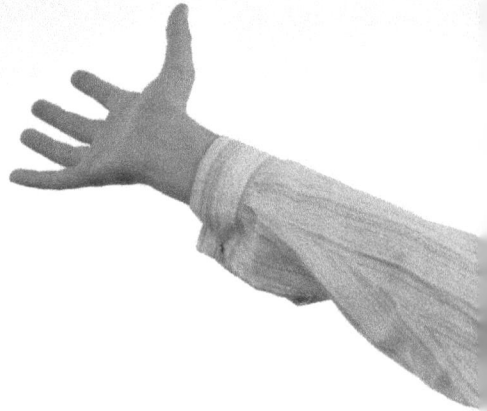

En virtud de esta Nada, no es *lo que* el Espíritu sea, sino el mero hecho *de que es*, lo que resulta tan asombrosamente adorable. Casi lo mismo se aplica también a la aparición de nuestro Cuerpo-Mente (que no es sino el universo mismo), sin ayuda ni razón alguna, a partir del Espíritu desnudo.

¡Qué universo tan formidable, qué increíble riqueza y variedad brota incansablemente de este YO SOY tan inexpresablemente simple que soy!

RETORNAR

Paradójicamente,
estoy retornando por siempre al
Lugar que jamás he abandonado.

Y que el Cielo me ayude si me
engaño a mí mismo y llego a
creer que ya he recorrido ese
camino suficientes veces, si me
quedo tan satisfecho y pienso
que ya es hora de instalarme
cómodamente al final del mismo.

Lo que esto significa en la
práctica es que cada vez que
llego aquí es la «primera
vez», porque, de hecho, es
algo que tiene lugar fuera
del tiempo.

Significa que mi
desaparición en tu favor se
vuelve cada vez más y más
sorprendente, que mi único
ojo se abre más y más lleno
de asombro, y que jamás
me acostumbraré a cómo
mi Renault Clio remueve
el mundo como si fuese un
plato de sopa.

OBVIO

Si nos relajásemos en lo que es tan absolutamente obvio,
encontraríamos todo lo que necesitamos. Este mundo es
antiguo, afable, benévolo, no nos oculta nada esencial; en él,
cuanto más básico es algo, más claramente se nos muestra,
más evidente es. Nos imaginamos que es al revés,
pero aquello que es verdaderamente importante se
nos ofrece gratuita y libremente ahora mismo.

Si no soy capaz de ver lo que soy (y especialmente lo que no soy),
es porque soy demasiado imaginativo, demasiado «espiritual»,
demasiado adulto e instruido, demasiado crédulo, porque estoy
demasiado intimidado por la sociedad y el lenguaje o me
muestro demasiado temeroso de lo obvio, como
para aceptar la situación exactamente como
se presenta en este momento.

Solo yo me encuentro en el lugar adecuado para decir qué hay aquí.

Lo que hace falta para admitir nuestra propia perfecta
vacuidad es mantener una especie de ingenuidad
alerta, tener una mirada inocente y una cabeza vacía
(por no hablar de un corazón bien robusto).

Hasta que no veas Lo Que eres ¡no sabrás cuál es
el verdadero significado del adjetivo *obvio*!
Todo lo demás está más o menos
velado. En comparación con
esta Vista, todas las demás
vistas son oscuras, difusas,
tentativas,

tenues.

VISIÓN

No es que *pueda* estar equivocado
sobre el objeto que está ahí fuera,
sino que hasta cierto punto *no*
puedo dejar de estarlo, pues el
mero hecho de percibirlo siempre
supone malinterpretarlo.

Y a la inversa; no es que *pueda*
tener razón sobre el Sujeto
desnudo que soy aquí, sino que
no puedo dejar de estar en lo
cierto, pues verlo siempre supone
verlo perfectamente como ha
sido, como es y como será por
siempre jamás, exactamente igual
a como todos sus observadores lo
han visto y lo verán.

Puesto que no hay Nada que ver, no puedo
ver solo la mitad o
verlo a medias;
se trata de un
descubrimiento de todo-o-
nada (de todo-*y*-Nada) que
elimina cualquier ansiedad
para que mi Iluminación no
sea en modo alguno más tenue
y deficiente o menos madura
que la tuya.

Ver esta Vista única y perfecta
es Ver perfectamente; por lo
tanto, entre quienes la disfrutan
no puede haber ninguna élite,
ningún orden jerárquico (al
menos no mientras dure la
Visión).

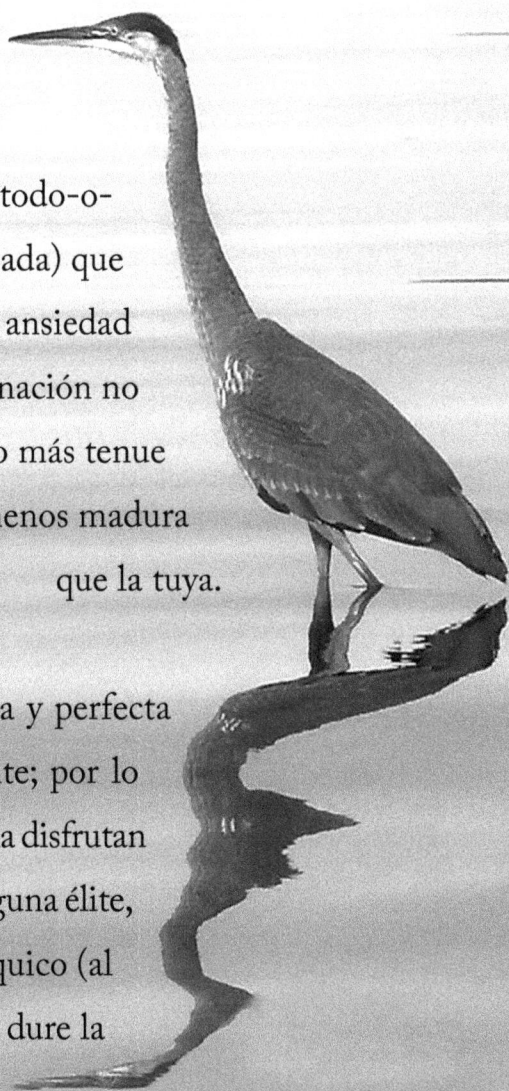

NO SABER

El gran secreto de la vida, el gran saber hacer, es *no* saber, estar perdido: estar, precisamente, al borde mismo de mi ingenio, que es el inicio del Ingenio de Aquel que soy real y verdaderamente.

Creo que las «elecciones» que se toman desde el *no* saber, desde el *no* tenerlo todo controlado y organizado, el *no* tener la respuesta lista y preparada, guardada en el maletín, el *no* contar con ningún guion, ninguna regla, las «elecciones» que sencillamente se toman desde la Claridad Aquí presente y lo que sea que la esté llenando en este momento, son completamente diferentes, la verdadera rendición.

Todo lo que hago proviene o bien de mi naturaleza humana, de mi «imagen de Douglas» ilegítima y absurdamente superpuesta en el centro de mi vida, o bien de lo que hay realmente en el Centro de mi vida, de Quien soy.

La diferencia entre esos dos tipos de acción no parece demasiado grande, pero en realidad es muy, muy profunda.

Lo auténtico podría resumirse como no saber. **Tan solo no saber.**

VALORES TRASCENDENTES

Las muchas y muy variadas imperfecciones
de ese viejo y antiguo ser humano quedan
mitigadas en la medida en que permanezco
centrado en la perfección de este Nuevo Ser
Humano, de mi Verdadera Naturaleza como
Primera Persona del singular.

Y en la medida en que vivo en base a los valores de este Nuevo Ser Humano (amor incondicional, no ejercer ningún poder sobre los demás, no darle la espalda a nadie, la aceptación voluntaria de la humildad, etc.), los valores opuestos de ese viejo ser humano van dejando de ser tan pesados, tan serios y problemáticos, y se van volviendo más asequibles, realistas y saludables.

En una palabra, más naturales.

Todo lo que me han enseñado
a creer acerca de lo que
realmente soy está
equivocado,
del revés.

FASCINANTE

Abre
ahora
tu
Ojo
a lo
que
eres,
a este
Ojo
mismo.

¿Sientes
que
es algo
que te
aburre
hasta
el
hartazgo?

¿Cómo
podrías
tener
demasiado
de
algo
que es
Nada,
que no
es una
cosa?

¿Cómo podrías llegar a sentirte hastiado
de este No-objeto que, sin ayuda alguna,
produce universos enteros?

¿Acaso no tiene un incalculable valor este Fin
del Mundo, este Escote tuyo que luce por encima
de él la totalidad del mundo del espacio-tiempo,
pero sin espacio, sin tiempo, sin mundo, sin
absolutamente nada, por debajo?

Solo dale una oportunidad, por pequeña que
sea, y te garantizo que descubrirás que esta
No-cosa es lo único de lo que nunca te
aburrirás, lo único que jamás pierde su
encanto, que siempre es completamente
nuevo y a lo que nunca
jamás podrás acostumbrarte.

Pruébalo ahora por puro interés,
querido lector.

NO MÍSTICO

A diferencia de las ideas y los sentimientos, siempre podemos echar mano de esta simple visión cuando más la necesitamos, por ejemplo cuando nos sentimos agitados o preocupados. Está lista, preparada para lidiar con los problemas a medida que estos se van presentando, en el momento mismo en el que surgen.

Ciertamente esta meditación no es en sí misma una experiencia mística o religiosa, no tiene nada de eufórico, no es una expansión repentina hacia el amor universal o la conciencia cósmica ni ningún tipo de sentimiento, pensamiento o intuición. Muy al contrario; es neutral, carece por completo de características, de tono, de color.

Es mirar hacia el Manantial Transparente, puro,
calmo, sereno, tranquilo y, al mismo tiempo,
observar desde Esto el mundo lleno de turbulencias
y corrientes sin dejarnos arrastrar hacia él.

A buen seguro podrás tener una gran cantidad
de experiencias místicas o espirituales, pero no
persiguiéndolas corriente abajo, sino únicamente
dándote cuenta de que estás por siempre río arriba
de todas ellas y comprendiendo que tan solo puedes
disfrutar de ellas ahí fuera desde la Fuente que ya
está aquí dentro presente en ti.

YO SOY TÚ

A nivel práctico, la diferencia que supone
este descubrimiento en nuestras relaciones
es inmensa y acumulativa. De hecho, todo se
reduce a que *no nos relacionamos* en absoluto
con ninguna otra persona, sino que *somos* esa
persona. A diferencia de ese (mal llamado)
amor tan egoísta, sentimental y selectivo que
tanto se practica sobre la faz de la tierra, este es
el verdadero amor del Cielo y supone amarlo
todo. Aquí, el amor indiscriminado es nuestra
mismísima Naturaleza.

Cuando realmente pongo mi atención en esto,
cuando soy honesto conmigo mismo, me resulta
imposible hacer oídos sordos y no sentirme
implicado incluso con la criatura más malvada,
estúpida, despreciable o lamentable de este
mundo.

No es que esté yendo a esos lugares por la gracia de Dios, sino más bien que voy a ellos (a la celda de la prisión, al pabellón psiquiátrico o al patíbulo, en la misma medida que a lugares más alegres) por la sencilla pero verdaderamente devastadora razón de que Quien soy realmente es lo que tú y todos los demás realmente sois.

SIN REGLAS

Si al verme, alguien considerase que vivo en base a algún «principio», no sería más que una apreciación externa y secundaria, pues el Uno que soy aquí está completamente libre de todo principio (y, para el caso, de cualquier otra cosa).

Tampoco se trata de sustituir los Diez Mandamientos por la Ley del Amor.

El Vacío aquí presente, que no solo es
la Fuente del amor, sino también de su opuesto,
no conoce ninguna ley.

La Primera Persona es inevitablemente a-moral, a-todo, pues prescribir reglas para mí mismo equivale a convertirme en un caso particular, a cultivar una cara, una autoimagen, a encerrarme en una caja, a convertirme en un recuerdo, en una tercera persona, en una cosa separada y egoísta por naturaleza.

Por el contrario, *ser Yo Mismo* es ser esta Primera Persona del Singular que, al ser conscientemente idéntica a todas las demás Primeras Personas (aunque estas no existan realmente), es desprendida, altruista y generosa por naturaleza, y cuya «bondad» no se debe a regla alguna y es verdaderamente creativa.

CONCIENCIA

Cierra los ojos...

Suelta todo recuerdo, toda imaginación, y, sin recurrir a la memoria, fíjate en si ahora mismo tienes algún límite o estás de algún modo metido en una especie de caja.

NO VISUAL

¿No eres más bien

como una apertura,

como un silencio en

el que ocurren todos

esos sonidos, como

un espacio en el que

aparecen todas estas

sensaciones pasajeras de

calor, presión, etc., este

flujo de sentimientos

y pensamientos?

Solo espacio o

capacidad, ¡pero

consciente de sí mismo

ahora como dicho

espacio!

MIRAR

Deja de creer cosas
y simplemente mira, echa
un vistazo como si fuese
la primera vez.

Esta visión del Uno Perfecto
que es tu mismísimo núcleo
central es ya el ver perfecto
e instantáneo. No es posible
ver nuestro Origen de forma
borrosa o parcial.

¡Qué diferente es cuando ves Sus productos!
Las *cosas* son demasiado complejas e incompletas,
están demasiado dispersas en el espacio y en
el tiempo como para poder verlas. En el mejor de
los casos, podemos atisbarlas, verlas parcialmente.

Lo importante es la distancia; si te acercas
a ti mismo irás teniendo una larga sucesión de
apariencias perecederas de ti mismo, pero haz
ese recorrido en su totalidad y serás la Realidad
Imperecedera de la que todas esas apariencias no
son más que aspectos.

Si quieres ser Real tienes que abandonar
la costumbre de estar constantemente saltando
fuera de ti mismo en un esfuerzo por verte
a ti mismo como te ven los demás.

**Cultiva el hábito de establecerte en tu
Hogar y verte a ti mismo directamente.**

PRÁCTICA

Ver lo que realmente eres probablemente
sea lo más fácil de hacer que hay en el
mundo, pero persistir en esta visión es
seguramente (al principio) lo más difícil
de llevar a cabo.

Normalmente son necesarios meses, años
o incluso décadas de regresar al Hogar
una y otra vez, al lugar que ocupamos
(o, mejor dicho, que no ocupamos, pues
es el mundo el que lo hace) antes de que
adquiramos la habilidad de permanecer
centrados, de mantenernos en el interior,
de vivir a partir de nuestro espacio en
lugar de a partir de nuestra cara.

Ahora que ya sabes cómo llegar, puedes
volver a tu Hogar siempre que lo desees
y sea cual sea tu estado de ánimo.
Una vez que cruzas el umbral, estás
perfectamente a salvo.

Aquí no es posible dar un paso en falso.
No es la práctica la que hace que este
Aquí sea perfecto, sino que es perfecto
desde el principio; en este momento no
puedes ver a medias tu ausencia de cara
ni ver tan solo la mitad.

En la iluminación no hay grados; o se da por
completo o no se da en absoluto.

MIRAR EN DOS DIRECCIONES

Cuando persistimos en este mirar bidireccional vemos el mundo externo de un modo mucho más real y vivo que cuando lo tomamos por él mismo, como si fuese lo único que existe, como si existiese por sí mismo en ausencia de un observador.

Ni tan siquiera esta forma iluminada de ver el mundo supone un perfeccionamiento en nuestro conocimiento del mismo, pues por su propia naturaleza este solo puede inspeccionarse por partes y nunca de manera completa o integral.

Solo su Fuente se da por completo
de una vez y puede verse de forma
no selectiva, con total objetividad.

FRUTOS

Es posible que los días, semanas o meses, posteriores a la visión inicial (tanto si se ha producido de forma explosiva como si no) estén llenos de una sensación de alegría y liviandad. Nos sentimos como un recién nacido que acaba de llegar a un mundo nuevo, pero, por desgracia, más pronto que tarde y para nuestra sorpresa y desilusión, esto desaparece. «¡No me ha aportado nada!», nos quejamos.

Entonces surge la tentación de renunciar a la meditación, pues tenemos la falsa impresión de que hemos perdido su arte, la habilidad de practicarla correctamente. No obstante, si persistimos en ella, lo cierto es que empezamos a valorarla menos por sus *frutos* (atractivos pero circunstanciales) que por ella misma, por su clara e inmaculada verdad, por esa «nada» que sin duda hace de nosotros (en lugar del «algo» que solía hacer antes), y esto supone un gran avance.

Perder el interés por sus *frutos* equivale a asegurar que estos madurarán de una manera mucho más saludable, sin molestias, pasando inadvertidos, y que, llegado el momento, estarán bien maduros.

Mientras tanto, ahora y siempre, lo único de lo que hemos de preocuparnos es de regar y alimentar su Raíz.

SIEMPRE NUEVO

Una de las paradojas de este Vacío aquí presente es que, aunque siempre es el mismo, se vuelve más intrigante, más sorprendente, más precioso y maravilloso cuanto más se observa.

Aquí y solo aquí la familiaridad hace que proliferen el respeto, la dedicación y el sentido de reverencia.

No es una cuestión teórica, sino de observación.

Una y otra vez comprobamos que tarde o temprano todas las cosas, cuando se las toma por ellas mismas, acaban volviéndose monótonas y aburridas, mientras que la No-cosa de la que provienen nunca pierde su esplendor.

Pero este tampoco es el final de la historia.

Hay una secuela sorprendentemente feliz, y es esta: todas estas cosas emergentes, tan tediosas por sí mismas, están bañadas en el resplandor de ese Origen cuando se ven de la única manera en que realmente se pueden ver, desde la estación de su Origen, desde Aquí.

Todas llevan consigo el refrescante aroma de su Fuente; huelen a su tierra natal, desprenden el perfume del País de la Claridad Eterna.

VER
EL
MUNDO

El mundo es un
curioso fenómeno
que, como una
estrella que brilla
tenuemente, solo se
puede ver con claridad
cuando no se le mira
directamente. El mundo
seguirá ocultándonos su
verdadero rostro hasta
que no miremos en la
dirección opuesta, hasta que
no lo veamos reflejado en el
espejo del Ser.

Colores, texturas, sonidos, sabores, olores.
todas las sensaciones tienden a adquirir
un nuevo lustre, una nueva intensidad,
en total contraste con el Fondo de aquí
que las acoge. Por ejemplo, es común —
incluso cuando uno acaba de empezar a
ver— que los colores (los semáforos, las
aceras, los laterales de los taxis, etc.)
se vuelvan increíblemente
brillantes y hermosos.

No es cuando prestas atención al Veedor,
sino cuando lo pasas por alto, que lo visto se
torna vago, oscuro y distorsionado.

No solo el mundo «exterior», sino
también el mundo «interior» de nuestros
estados psicológicos, se oscurece cuando
ignoramos esta Intimidad que lo cubre y
que subyace en ambos.

VISIÓN
CLARA

Mientras siga creando aquí esta obstrucción central, esta
cabeza que hace las veces de copete superior, esta bola o
burbuja sólida y opaca que empleo como núcleo central
de mi universo, entonces no solamente seré algo duro (con
una cara igualmente dura), sino también algo denso y con
una mentalidad de lo más reducida; mi visión permanecerá
bloqueada, mi comprensión será
borrosa y confusa,
mi imagen del
mundo estará
distorsionada

Estar obstinadamente equivocado
(y tener una cabeza aquí es en sí
mismo estar equivocado) respecto al
hecho central de mi mundo es estar
equivocado también respecto a todo lo
demás. Esperar lo contrario (como si
pudiéramos estar a la vez cuerdos por
fuera y enloquecidos por dentro) es como
esperar que un reloj funcione sin sus
muelles y resortes, que un árbol florezca
sin su raíz o que una lámpara brille sin
mecha o sin aceite.

¡Qué extraño que el único punto del universo que he pasado por alto sistemáticamente resulte ser el Punto que realmente
importa, el Fundamento más que sagrado que es, precisamente, la Solución de
todos los problemas y el Manantial del
que brota toda la creación!

Mi espejo es un maestro verdaderamente maravilloso; es más valioso que todas las escrituras del mundo.

Mi espejo me confirma esta amplia apertura que hay aquí mismo, justo donde estoy. El mismo objeto que en su día me puso una cara me libera ahora de ella. ¡Ahora miro en el espejo para ver cómo no soy!

Todo el propósito de mi vida y lo que tengo que compartir con el mundo se reduce a esto: «Deja de identificarte con el individuo del espejo, que es muy importante pero está *ahí*. Emprende el camino de regreso desde él que está ahí hasta *aquí*, hasta su Origen, que es exactamente donde estás».

EL ESPEJO

Todo perece. Si no quieres
perecer, dirígete al lugar
en el que no hay nada
que pueda perecer. Así
descubrirás que ya
estás ahí.

La Visión es ver
la clase más
profunda de
muerte que existe.

Aquí, estás más muerto que muerto.
Hasta que no veas esto con claridad y
lo aceptes profundamente no estarás lo
suficientemente vacío, lo suficientemente
abierto de par en par, como para que te inunde
la vida de la resurrección, que es la vida del mundo
entero. Cuando descubras más allá de toda duda
que eres este espeluznante Terreno Baldío, entonces
encontrarás ahí el Santo Grial que ya te inunda y te
desborda con su agua de vida.

MUERTE

RESURRECCIÓN

*Vivir es ser la resurrección y la vida
de los demás.*

El lugar del que provengo se encuentra
corriente arriba de la vida. Es la fuente
de la vida, sí, pero él mismo no está vivo.
Desde Aquí miro hacia fuera y veo un
caracol, un narciso, ya no digamos a ti... y,
¡Dios mío, descubro la vida!

**Esto viene de antiguo, es una vieja
historia: morir para vivir. Entrega tu
vida. La forma de disponer de tu vida es
renunciar a ella, morir a la nueva vida.**

En la Totalidad todo
lo muerto vive
completamente,
el Centro todo
vivo muere
completamente.

Aquí nos perdemos a nosotros
mismos y nos encontramos a
Nosotros Mismos en un mundo
inmortal cuyas divisiones y
opacidad finalmente se han
desvanecido, y donde todo es
indescriptiblemente liviano,
abierto y resplandeciente.

FRACASO

Resulta fascinante comprender que como seres humanos somos un fracaso, que todo está perdido, que toda esta situación se ha echado a perder.

Entonces confiamos y nos basamos únicamente en Quien somos.

Para que Dios pueda vivir

en nosotros,

hemos de morir.

GRACIA

En nuestro corazón descubrimos
el poder y la gloria que
subyacen tras el mundo.

Este es el mensaje del cristianismo
y de todas las grandes religiones:
que en nuestro corazón
se encuentran el reino,
el poder
y la gloria.

No porque lo merezcamos o
nos lo hayamos ganado,
sino por la gracia.

Muy al contrario;
lejos de merecerlo,
es un obsequio, un don,
un regalo gratuito que suplica
que nos fijemos en él.

SIN MÉTODO

Hacemos demasiado y, en consecuencia,
seguimos siendo ineficaces; hablamos demasiado
y, en consecuencia, no decimos nada; pensamos
muchísimo más de lo necesario y, en consecuencia,
no dejamos que los
hechos hablen
por sí mismos.
Esto es lo que
dicen quienes
conocen el
verdadero
valor del
vacío.

Nos corresponde a cada uno de
nosotros llevar a cabo nuestras
propias indagaciones, ponerlo
a prueba, pero no (repito, no)
mediante el método directo de
intentar aquietarnos y detener la
mente, pues eso sencillamente no
funciona, sino a través del método
indirecto de ver Quién, por lo
que parece, es Aquel que estaba
tratando de hacer eso.

*Ningún ser humano se vuelve divino
excepto al comprender que, en todo caso,
no es un ser humano.*

REFUGIO
SEGURO

*Así es que todo se reduce a
la cuestión crucial de mi
verdadera Identidad.*

*Si insisto en
convertirme a mí
mismo aquí en un
objeto, en una cosa,
en una tercera
persona, seguiré estando
consumido por mil miedos
y mejor estaría muerto.*

Pero si renuncio a este hábito tan ingrato e irrealista y vuelvo a Mí Mismo, veré que en realidad nunca he emergido de ese maravilloso Abismo, que antes de que Abraham fuera, Yo soy, antes de que apareciesen la primera galaxia o el primer átomo, antes de la aparición del tiempo mismo.

Justo aquí y ahora, en el mismísimo lugar del que surge toda esta tormentosa vorágine del tiempo y el cambio, Yo estoy en Casa, perfectamente seco y a resguardo.

¿A dónde podría dirigirme desde este Refugio Seguro?

IMPERECEDERO

Hay toda clase de ventajas en el hecho
de no ser Nada, de ser una No-cosa, de
ser Espacio en realidad, porque las cosas
siempre están en riesgo, siempre están
enfrentadas entre sí, constituyen una
amenaza las unas para las otras. Cada una
se reafirma a sí misma y sitúa a la multitud
del resto de las cosas fuera de su espacio.

Las cosas se excluyen entre sí.

Eso puede tener cierto atractivo, pero sin
duda hace que tú, si eres una cosa, corras
un riesgo terrible, y que básicamente estés
aterrorizado, pues todas las cosas perecen.

¡Y claro que deberías tener
miedo, pues todas las cosas
acaban pereciendo!

En cambio, si no eres Nada, si
no eres una cosa, ya no está tan
claro que puedas morir.

Si eres Espacio/Conciencia, ¿es
esa la clase de objeto que perece,
que aparece y desaparece?

SEGURIDAD

¡Qué alivio tan enorme supone respaldarse y apoyarse en el Uno cuyo nombre es YO SOY, el nombre que precede a cualquier otro nombre y que lo hace posible!

¡Qué alivio fundirse con el Ilimitado y ser sostenido por Él!

Esta meditación es segura, no solo porque es imposible echarla a perder; no solo porque, por un lado, evita la dependencia de los demás y, por otro, caer en el orgullo propio; sino también porque carece por completo de artificios. No hay nada de arbitrario o extravagante en ella, nada que fuerce nuestra credulidad, nada que pueda ir mal, nada que nos separe o distinga de la gente común, nada especial.

Es segura porque consiste en descubrir cómo son las cosas, no en intentar manipularlas.

¿Qué podría ser menos peligroso que dejar de engañarnos a nosotros mismos sobre nuestro verdadero Yo, o qué podría ser más peligroso que no hacerlo?

La aceptación total es muy difícil de lograr.
Es justo lo contrario de esa desganada indiferencia
que permite que las cosas vayan pasando como
resbalando por nuestra vida. No surge de la
debilidad, de la dejadez y la laxitud, sino de la
fortaleza interior y la concentración.

Hay una gran diferencia entre el sufrimiento que
se resiste y el que se acepta, el que no
se niega. Es en su aceptación
donde encontramos
la paz.

ACEPTACIÓN

¿Por qué está el mundo tan lleno de problemas?
¿Por qué es tan espantoso?

¿Es así por naturaleza o porque tomamos el camino fácil de luchar contra él, en lugar del camino difícil de amoldarnos a él? Tenemos que descubrir por nosotros mismos la verdad de lo que nos dicen los sabios: que incluso en las cosas más pequeñas, la vía de la no interferencia, de abandonar toda voluntad propia, de «desaparecer», es asombrosamente práctica, la vía que de verdad funciona.

Emanar conscientemente de la Luz, dar espacio a lo que sea que se presente en el seno de dicha Luz, es una actitud que resulta sorprendentemente creativa.

CONFIANZA

Cuanto más firmemente miro al Uno que está más
cerca y es más claro que ninguna otra cosa, más se
va convirtiendo en lo que más quiero, en lo que más
aprecio, en lo que es más yo que yo mismo, en el
Recurso que *en verdad* nunca me falla ni me abandona.

Este Uno completamente Despierto, aunque sencillo,
obvio y transparente de principio a fin, me llena de un
sentido de reverencia, adoración y maravilla ante el
misterio de su propia autoriginación. ¿Quién podría
poner límites a las esplendorosas bendiciones que
pueden surgir de nuestra creciente voluntad de confiar
en lo que vemos, en lugar de en lo que nos han dicho
que veamos?

No nos podemos fiar de las cosas, pues estas plantean problemas, cambian, perecen. Eso no le ocurre a esta No-cosa Consciente. Tan solo en ella podemos confiar. Ella es la que nos presenta las cosas; no, ciertamente, las cosas que imaginamos que queremos, sino aquellas que realmente deseamos, las cosas que de verdad necesitamos. ¿Acaso esto resulta tan sorprendente?

A fin de cuentas, *todas* las cosas surgen de esta misma No-cosa inefable sin razón alguna (¿por qué motivo tendrían que aparecer?); todo este universo increíblemente improbable está emergiendo de ella ahora mismo.

RENDICIÓN

Si lo único que queremos es ver Quién somos real
y verdaderamente, nada puede impedir que
lo hagamos en este mismo instante.

Pero si nuestro plan es usar esa bendita visión
para comprar sacos y sacos llenos de buenos
sentimientos o de cualquier otra golosina similar,
haríamos mejor en abandonar por completo
la idea misma de la Autoindagación.

**Mientras alguna parte de mí siga sin rendirse,
sin entregarse,
nunca seré Yo Mismo.**

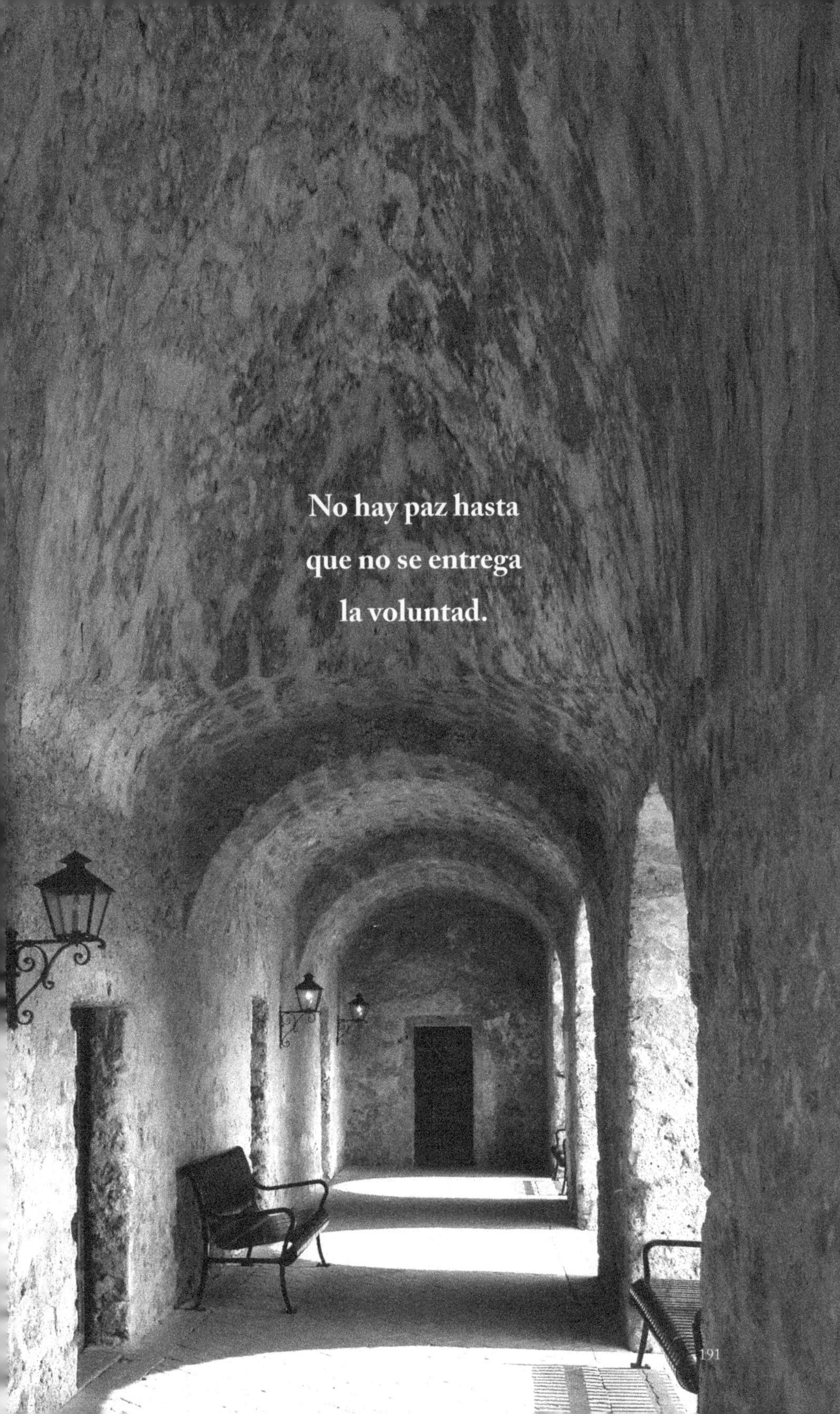
No hay paz hasta
que no se entrega
la voluntad.

PAZ

Si ahora me siento plenamente satisfecho, si estoy perfectamente contento, es porque he dejado por completo de ser cualquier clase de contenedor, y en lugar de eso estoy con*tento* con mi *con*tenido.

La paz es nuestra mismísima naturaleza, no algo con lo que nos encontramos. Es donde estamos, más cerca que cualquier otra cosa. No llegamos a ella; surgimos de ella. Encontrarla es permitirnos regresar al lugar que jamás hemos abandonado.

En el Centro siempre hay perfección...

...en la periferia siempre hay imperfección.

Tan solo existe una única cosa en la que podemos confiar en toda circunstancia, y es en su Núcleo de Paz. El vidente puede verse envuelto a menudo en un mundo trágico y triste, desconcertante y problemático, pero nunca (en la medida en que ve) pierde la paz mental. Su ansiedad básica ha desaparecido.

Al comprobar más allá de toda duda que él es la Paz Misma, puede descansar, permanecer en reposo.

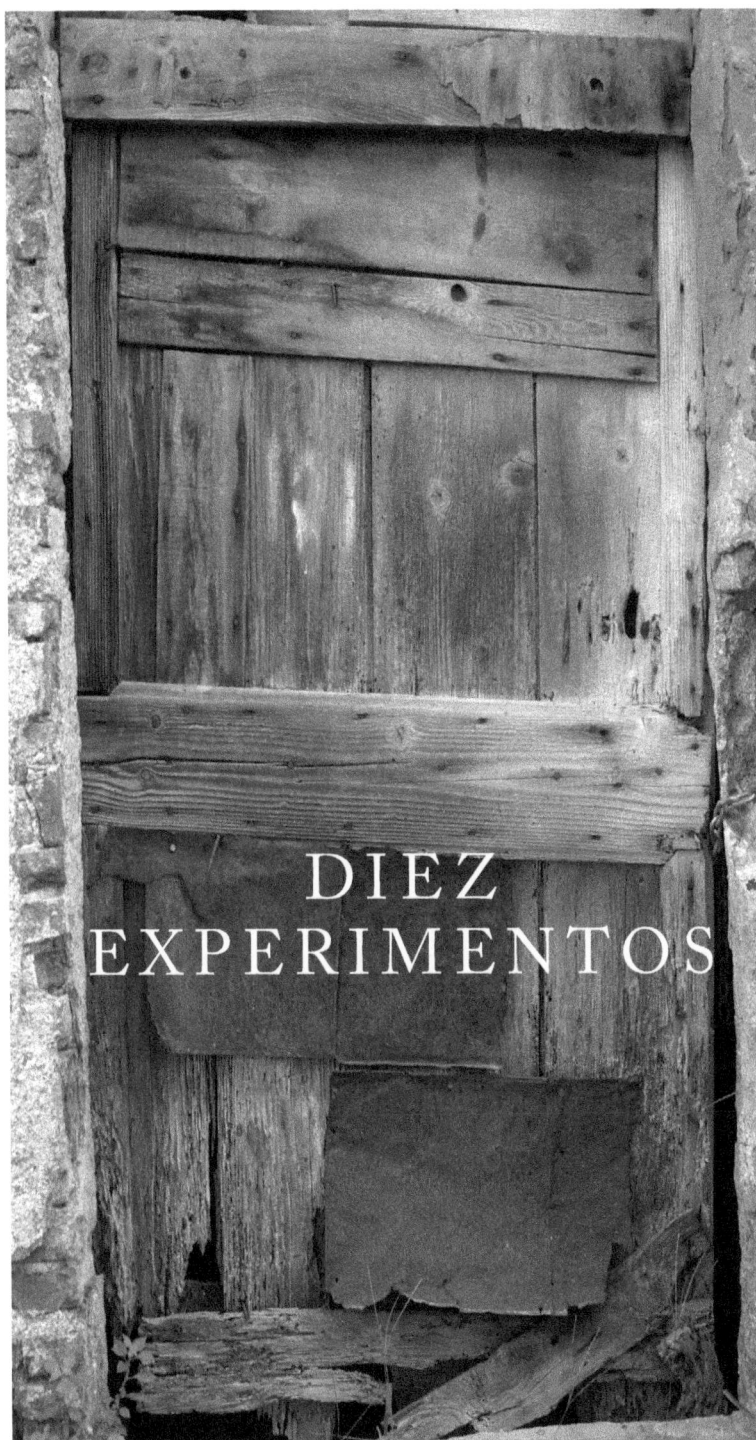

DIEZ
EXPERIMENTOS

SEÑALAR

Señala hacia la pared que tienes enfrente. Fíjate en lo sólida y opaca que es.

Ahora vete llevando tu dedo lentamente hacia abajo hasta que apunte al suelo. Sigues señalando hacia algo, en este caso una superficie.

A continuación, gira la mano y apunta a tus pies... a tus piernas... a tu pecho... También son cosas, superficies.

Ahora señala con el dedo hacia aquello que está por encima de tu pecho: a tu cuello, tu cara, tus ojos... O, mejor dicho, hacia el lugar donde los demás te han dicho que se encuentran esas cosas.

AHORA NO ESTÁS SEÑALANDO A NINGUNA SUPERFICIE; NO APUNTAS HACIA NADA EN ABSOLUTO.

Comprueba por ti mismo que esto no tiene ningún rasgo distintivo, que no tiene color, que es transparente e ilimitado. Sigue apuntando y viendo en el vacío; observa lo ancha, lo profunda, lo alta que es esta no-cosa que está de este lado de ese dedo que señala.

Y date cuenta de cómo, precisamente por estar tan vacía *de* todo, está vacía *para* todo. Fíjate en lo llena que está con toda esa escena colorida y cambiante: el techo, las paredes, la ventana y la vista que hay desde ahí; el suelo, esas piernas, ese tronco, y ese dedo que apunta. Observa hasta qué punto esa no-cosa que eres *es* también todas las cosas que se muestran.

¿Alguna vez has sido algo distinto de esta NO-COSA/TODAS-LAS-COSAS?

CÓMO ABRIR TU VERDADERO (TERCER) OJO

Puedes ver que un ser humano tiene *dos* «ventanas» en una cabeza, y él mismo te dirá que te está viendo a través de sus *ojos* (en plural; a través de sus *dos ojos*, de su *par de ojos*), no de su ojo.

La cuestión es: ¿A través de qué estás viendo *tú* ahora mismo según tu propia experiencia de primera mano? ¿Estás percibiendo estas letras y estas palabras (todas estas filas de marcas negras sobre papel blanco) a través de *dos* pequeñas mirillas?

¿O, por el contrario, las estás percibiendo a través de *un único* «ventanal» muy grande y muy claro; tan grande que no tiene ningún marco, ningún límite definido en absoluto, y tan claro que es como si no tuviese cristal alguno y permaneciese completamente abierto de par en par?

De hecho, ¿puedes encontrar algo, sea lo que sea, en tu lado de la escena, o más bien has desaparecido en su favor, te has convertido en una mera Capacidad, en un vacío para ser llenado con estas páginas, con las manos y los brazos truncados que las sostienen y su fondo borroso?

VER TU VERDADERO ROSTRO (ORIGINAL)

Los seres humanos están enfrentados al mundo, lo confrontan, se encuentran a sí mismos cara a cara con sus semejantes. Así es como se ven, como se expresan, como son.

Pero *¿tú* te relacionas así con la gente? ¿Los confrontas, los «encaras», los tienes enfrente?

Gírate hacia alguien que esté en la habitación, o hacia tu propia cara en el espejo, o simplemente examina la cara que se muestra aquí. Examina si tienes algo en el lugar en el que te encuentras que se corresponda con esa forma y esos colores, con esa opacidad y esas texturas, con cualquier rasgo (por no hablar de algo que sea capaz de interponerse en la escena, de cambiar su expresión o de envejecer).

¿No es tu propia y verdadera «Cara» como una pantalla completamente vacía, en blanco, como un lienzo sin pintar o un espejo sin cristal, siempre listo para tomar y descartar al instante sin dejar rastro una interminable sucesión de caras humanas y animales? ¿No está lista en todo momento para convertirse en cada rostro y en cada escena, con un brillo y una claridad asombrosos y hasta en el más mínimo detalle?

¿En algún momento ha tenido tu propia «Cara» alguna complexión, alguna característica propia que haya nacido originalmente como la cara de un bebé y se haya desarrollado hasta convertirse en la cara de un adulto, y ya no digamos que pueda arrugarse, morir y descomponerse?

TUS DOS CARAS

Si no tienes un espejo de mano redondo u ovalado, un espejo normal rectangular también servirá. Sostén el espejo, localiza tu cara en él y mantenlo en esa posición durante todo el experimento.

Dejando a un lado las creencias y la imaginación, observa dónde aparece esa cara. Sé consciente del lugar en el que la guardas: en el extremo *opuesto* de tu brazo.

Aquí es donde la recogen también los demás, donde colocan sus cámaras para fotografiarla y donde tú pones la tuya cuando quieres hacerte un autorretrato. Nunca ha estado mucho más cerca de ti que esa distancia, ni mucho más lejos.

Además, ahora puedes comprobar que esa cosa ni está ni jamás ha estado *en tu extremo* del brazo, aquí, montada sobre *estos* hombros.

Ahí, a más o menos un metro de distancia, está tu rostro humano, tu cara adquirida, tu apariencia. Es una cosa. Pero *aquí*, justo aquí, está tu Cara no humana, tu Rostro Original, tu Realidad. No es una cosa. Date cuenta del enorme contraste que existe entre ambas. Fíjate en lo absolutamente limpia e impoluta que está, en lo abierta y serena que es su expresión, en lo relajada que se encuentra. Y, sí, ¡también en lo hermosa que es! Y... ¿qué hay de esa otra cara pequeña, la que está encerrada ahí fuera? Bueno, eso es problema de los demás, de la gente que está a tu alrededor.

EL EXPERIMENTO
DEL OJO CERRADO

Pídele a un amigo que te lea las siguientes preguntas mientras mantienes los ojos cerrados.

- Según la evidencia presente, ¿cómo eres ahora?
- ¿Cuántas piernas, brazos, cabezas, cuerpos puedes detectar (si es que detectas alguno)?
- ¿Qué tamaño tienes?
- ¿Puedes decir sinceramente «Soy esto o aquello»?
- Y, sin embargo, ¿no es cierto que puedes decir «YO SOY»?
- ¿Es tu sentido de SER menos intenso ahora que cuando te ves o piensas en ti mismo como algo, como una cosa, sea lo que sea? ¿Es posible que ahora sea mucho más intenso?
- ¿Depende de alguno de tus sentidos?
- ¿Tiene esta YO-SOY-dad alguna característica que pudiera relacionarla con tu aspecto humano o con cualquier otra cosa, o que pudiera separarla de la YO-SOY-dad, cómo, cuándo o dónde dicha característica apareciese?
- Si eres así en tu propio Centro, ¿no eres así también en el Centro de todos los seres, de todo SER, y no estás mucho más cerca de ellos que sus propias manos y sus propios pies? ¿No estás mucho más cerca de mí que estas manos y estos pies míos?

DESCUBRE QUE SIEMPRE ESTÁS QUIETO

La gente se mueve a tu alrededor, y sin duda están muy contentos de hacerlo. Ellos podrán decirte lo poco que les gusta quedarse parados en un mismo lugar y lo mucho que temen hacerlo. De hecho, todos los cuerpos son móviles, sobre todo los cuerpos vivos, en los cuales se entretejen patrones siempre cambiantes de una gran complejidad.

Pero, si tú no eres una cosa (un cuerpo), sino la ilimitada No-cosa, la Nada o el Espacio que la contiene —junto con todas las demás cosas—, ¿no tendrías que ser absolutamente inmóvil? No cabe duda de que una No-cosa sin límites que estuviese en movimiento sería un sinsentido, algo imposible.

Pues bien, *veamos*. Lo que te voy a pedir es que compruebes por ti mismo tu movilidad o inmovilidad. Por favor, ponte de pie y, mientras señalas hacia aquello desde lo que miras (a tu «cara»), date cuenta de que en realidad ese dedo no está apuntando a Nada (a Ninguna-cosa) en absoluto. Después, mientras sigues mirando simultáneamente al dedo (una cosa) de ahí y a la No-cosa de aquí, empieza a girar sobre ti mismo justo donde estás y fíjate que en realidad no eres tú quien gira, sino la habitación. Unos quince segundos son suficientes, luego vete frenando la habitación, deja de darle vueltas y siéntate de nuevo. Es una tarea tan fácil y que lleva tan poco tiempo que no puedo dejar de insistir respetuosamente en que no te limites a leerlo, sino que realmente hagas ahora lo que te he pedido.

¿No es cierto que era la habitación (el techo, las paredes, las ventanas, los cuadros) lo que daba vueltas y más vueltas y que tú eras el Espacio inmóvil por el que todas estas cosas circulaban?

La próxima vez que consideres la idea de desplazarte por un pasillo comprueba hasta qué punto te resulta imposible (a tu yo real, a la Primera Persona) hacerlo, y cómo, en lugar de eso, es el pasillo el que se desplaza a través de ti y va siendo engullido en tu inmensidad-inmovilidad.

La próxima vez que vayas conduciendo, comprueba que es toda la escena la que está en movimiento (las cosas que están a gran distancia, como las montañas, se mueven muy lentamente; las que están a media distancia, como las casas, se mueven más rápidamente; y las que están cerca, como los postes de la luz y del teléfono, pasan a una gran velocidad) en una procesión espléndida e imponente a través de tu quietud. Puedes percatarte de que no tienes manera ni necesidad de *ir* a ninguna parte, ya que todas las cosas y lugares que tienes por delante (los edificios que bordean la carretera, los pueblos, las ciudades, los campos) se acercan gustosamente y se vierten en ti; y de que tampoco tienes modo ni necesidad alguna de *abandonar* ningún lugar, pues esas mismas cosas y lugares (como puedes ver en el espejo retrovisor) se derraman fuera de ti y se retiran amablemente en la distancia. ¡Y tú en ningún momento te mueves ni un milímetro! ¡Estás magníficamente atendido!

DESCUBRE QUE ERES ETERNO (PRIMERA PARTE)

Tanto si están vivas como si no, a las cosas invariablemente les lleva tiempo ser lo que son. Así, un átomo no es un átomo hasta que sus electrones han tenido tiempo suficiente para recorrer sus órbitas; un ser humano no es un ser humano hasta que ha tenido el tiempo necesario para progresar e incorporar una enorme cantidad de drásticas transformaciones en el transcurso de su evolución de embrión a feto, y posteriormente como bebé y como niño. Nada de este asombroso pasado ha sido borrado por el presente; actuando como un extraordinario «plegador del tiempo», un humano incluye su historia completa y actúa ahora, en el momento presente, llevando toda esa historia a sus espaldas.

Ahora bien, si, en total contraste con tu naturaleza humana periférica, tu propia Naturaleza verdadera y fundamental (lo que eres en el centro en y para ti mismo) es ciertamente tan solo Espacio Vacío, Capacidad Desnuda o Quietud Total, entonces no necesitas ningún tiempo en absoluto para ser tú mismo; por así decirlo, no estás ligado o vinculado al tiempo, no lo incorporas en tu estructura. Al no tener nada aquí que formar, nada que construir o mantener, es de suponer que el tiempo no te sirve para nada, que no te hace falta, y que, por lo tanto, eres eterno, atemporal. Pero, como siempre, *veamos*.

Las cosas de ahí fuera (al contrario que tú, presumiblemente) no solo están compuestas de tiempo, sino que se organizan en zonas horarias en función de su distancia con respecto a ti. Tu reloj de pulsera te indica que, aproximadamente a medio metro de distancia, es tal hora, y tienes muy buenas razones para suponer que en Nueva York, en Tokio o en otros lugares, los relojes locales están marcando otra hora distinta.

Entonces, la cuestión es: ¿qué hora es exactamente ahí, donde estás, en el centro de todas estas zonas horarias?

Eso lo averiguas haciendo lo que haces normalmente, consultando los relojes locales, en ausencia de los cuales tu propio reloj de pulsera también servirá perfectamente bien.

Después de haber leído la hora que te muestra a medio metro de distancia, vete acercándolo a ti mismo muy despacio y poniendo mucha atención mientras sigues leyendo la hora, hasta que ya no puedas acercarlo más. ¿No es cierto que muy pronto esos números impresos se desdibujan, se vuelven ilegibles, y al final desaparecen por completo?, ¿que, de hecho, tu zona horaria central resulta ser atemporal, eterna?, ¿que el tiempo, siempre excéntrico, no puede nunca llegar *a ti*, al Hogar en el que te encuentras?, ¿que si bien tú contienes el tiempo junto con el mundo al que este da lugar, este no puede nunca jamás contenerte a ti?, ¿que, como siempre, lo que se aplica aquí es la ley de la asimetría, y que (así como es «cara aquí frente a no-cara ahí», «color ahí frente a no-color aquí», etc.) también es «tiempo ahí frente a no-tiempo aquí». Naturalmente, esto es ver que como Primera Persona no eres ninguna cosa, y donde no hay nada no hay cambio, y donde no hay cambio no hay forma de registrar el tiempo, y donde hay no hay forma de registrar el tiempo, no hay tiempo.

Una vez más, dado que esta cuestión es precisamente un asunto de vida o muerte, debo pedirte que superes tu renuncia a llevar a cabo un experimento tan «innecesario», tan «tonto», tan «infantil». ¿No sería posible, e incluso probable, que hasta que no te vuelvas como un niño pequeño (igual de sinvergüenza, sin malicia, libre de juicios y seriamente juguetón y desenfadado) no podrás entrar nunca en el Reino, no podrás nunca abandonar el reino de la muerte gobernado por el tiempo para entrar en el de la inmortalidad?

DESCUBRE QUE ERES ETERNO (SEGUNDA PARTE)

El siguiente experimento está más enfocado a aquellos que llevamos algún tiempo investigando nuestra Nada (nuestra «No-cosidad»). No obstante, también invito a los nuevos Veedores a que lo prueben. De hecho, esta distinción entre nosotros los «veteranos» y vosotros los «novatos» es provisional, y estamos a punto de descubrir si tiene o no algún sentido.

Mientras señalas una vez más hacia ti mismo, examina cuidadosamente este lugar tan extraño hacia el que estás apuntando... ¿No es cierto que tu mirada se hunde eternamente en las infinitas profundidades de tu Origen y Destino atemporal, en el abismo de tu naturaleza inmutable e inmortal? ¿Podría ser esto nada menos que la Eterna contemplación de la Eternidad?

Para comprobar si, simplemente al girar la atención 180°, ingresas de inmediato en un mundo en el que ya no se aplican las distinciones temporales, responde por favor a tantas de las siguientes preguntas como puedas:

- ¿Puedes poner una fecha y una hora concreta (una hora de reloj) a la primera vez que viste esta Nada, esta No-cosa? ¿Estás seguro de que hubo una primera vez?

- Tal vez puedas recordar las circunstancias concretas que rodearon a muchas ocasiones en las que dirigiste tu mirada a tu propio interior (los encuentros e ideas que te llevaron a ellas, el entorno, los sentimientos y la forma de actuar a la que dieron lugar, etc.), pero puedes recordar el hecho de ver en sí mismo y qué fue lo que viste? ¿Tiene la memoria alguna clase de acceso a esto?

- ¿Tiene algún sentido hablar de intervalos, ya sean largos o cortos, de huecos o de espacios, entre un momento de visión interior y el siguiente? ¿Tiene sentido hablar de una visión interior larga y sostenida (que dure, pongamos por caso, tres días, o una hora y cuarto, o seis minutos) en contraste con una breve (que dure, por ejemplo,

3,85 segundos)? ¿O tiene sentido en absoluto referirse a ellas en plural, como «visiones internas»?

- Alguna vez te has parado a distinguir entre un buen día, en el que has sido capaz de mantener muy bien tu visión interior, un día normal en el que esta visión se interrumpía con frecuencia, y un mal día en el que tan solo fuese ocasional? ¿Puede medirse la visión interior en estos términos (o, para el caso, en cualquier término)?

- ¿En algún momento te has sentido (tú, un «veedor veterano» que lleva mucho tiempo practicando) de algún modo superior o con ventaja respecto de los «veedores novatos»?

En la medida en que tus respuestas a estas preguntas hayan sido un rotundo «¡NO!», aquí tienes más evidencias de que tu visión interior no es ni más ni menos que el Eterno ver en la Eternidad. En ese caso, *por supuesto* que no tiene tiempo para relojes, calendarios o diarios; *por supuesto* que es perdidamente vago e impreciso sobre qué y cuándo suceden las cosas; *por supuesto* que pliega y contrae el tiempo como si fuese un telescopio; ¡y *por supuesto* que no distingue entre principiantes y antiguos maestros en estos quehaceres! Uno de esos maestros fue John Tauler, quien escribió: «Quien entra en su Origen y Fundamento real y verdaderamente se siente como si hubiese estado ahí por toda la eternidad». ¿No es todo esto exactamente lo que cabría esperar de un giro de 180° desde el tiempo hasta lo atemporal, lo eterno?

¿Y qué hay de los resultados prácticos de este experimento?

¡Qué recurso tan instantáneo, tan impresionante, tan íntimo, tan misterioso como siempre disponible tenemos justo aquí! ¡Qué increíble remedio contra la muerte, qué maravilloso refugio eterno se encuentra aquí, en nuestro mismísimo corazón, expandiéndose visiblemente para acoger y cuidar de todo! ¡Y se nos da AHORA en toda su plenitud y profundidad, sin importar cuán incompetentes o poco merecedores de él seamos, sea cual sea nuestro estado de ánimo, y justo cuando más lo necesitamos!

CÓMO TENER UNA EXPERIENCIA EXTRACORPÓREA

Las personas coinciden con sus cuerpos, es decir, están ubicadas dentro y no fuera de ellos. Como si quisieran asegurártelo, hablan de su «estancia temporal en esta casa de barro», de su «encarnación actual», o incluso su «reclusión en la carne». Muchos añaden que cuando mueran serán liberados de este cuerpo y se instalarán en algún otro lugar; por ejemplo, en alguna clase de nuevo «cuerpo espiritual» en el Cielo, en el Purgatorio, en el Infierno, o en otro cuerpo físico aquí en la Tierra.

¿Alguna de estas cosas tiene validez para ti, para el verdadero tú del momento presente? Dicho de otro modo, ¿estás encerrado en algo, en alguna cosa, sea lo que sea?, ¿eres diminuto?, ¿estás restringido, encarnado en un cuerpo?

Mírate la mano. ¿Estás *dentro* de ese objeto? Y, si es así, ¡dime cómo es estar ahí metido! ¿Es un lugar reducido, congestionado, oscuro, húmedo? Sin basarte en lo que has oído, en la memoria ni en conjeturas, ¿puedes siquiera comenzar a describir su estructura ósea y muscular, sus venas, sus arterias y fibras nerviosas?

En lugar de ser tú el que está *dentro de ella*, ¿no es más bien ella la que está dentro de ti? Me refiero a su aspecto, a su sensación, a su uso.

La gente habla de extrañas y maravillosas experiencias extracorpóreas, pero ¿acaso alguna vez has tenido algún otro tipo de experiencia, alguna experiencia «intracorpórea», excepto, claro está, en la imaginación?

Se dice que un componente típico de las así llamadas *experiencias cercanas a la muerte es mirar hacia abajo y ver el propio cuerpo desde arriba*. Pero ¿por qué esperar hasta estar en el lecho de muerte para tener este momento de comprensión? ¿Por qué no hacer que *este* momento sea el momento de la verdad? Deja este libro a un lado y mira *ahora* hacia abajo, a ese tronco, esos brazos y esas piernas. Mira desde lo alto, no desde dos ojos en una cabeza, sino desde el Espacio vacío e ilimitado: mira hacia abajo desde lo que ahora puedes ver que es una distancia indeterminada por encima de esa forma decapitada; una distancia que va mucho más allá de esa forma, y que, sin embargo, la abraza y la incluye.

¿No eres ya inmenso? ¿No estás ya libre, suelto, sin ataduras, no más confinado en ese cuerpo de lo que pudieras estarlo en esta página, en esos zapatos o en esa alfombra? ¿Alguna vez *no* has sido así?

¿Podría ser esta la verdad, el eterno levantarse de la tumba, la resurrección hacia la vida eterna, ahora mismo?

PRESIONAR EL DEDO

Extiende tu mano y presiona el dedo índice contra el pulgar tan fuerte como puedas.

Observa, según la evidencia presente, dónde está la tensión, el estrés: está en esas cosas. Y fíjate también en dónde está la ausencia de estrés: justo en ti mismo como la nada (la no-cosa) que está percibiendo o absorbiendo esas cosas, junto con su forma, su color y su opacidad. Date cuenta de que el estrés de la mano no *te* estresa más de lo que su forma *te* da forma, de lo que su color *te* colorea o de lo que su opacidad *te* eclipsa. Como vacío para todas las cosas, para sus características y sus tensiones, no puedes evitar ser totalmente distinto de todas ellas. Tu naturaleza esencial es permanecer inalterado, tan impoluto, tan indemne y tan libre de todo estrés como la pantalla de tu televisor lo está de todos los asesinatos, todos los tiroteos o todos los incendios que estallan en ella; tan puro e inmaculado como lo está tu espejo ante todo lo que con tanta fidelidad y tan poco selectivamente refleja.

FUENTES UTILIZADAS EN ESTE LIBRO

Face to No-Face
Fate and Freedom (artículo)
Head Off Stress
Entrevista (realizada por Richard Lang en 1977)
The Life and Philosophy of Douglas Harding (entrevista en vídeo)
Look For Yourself
Conferencia en Melbourne (vídeo)
Vivir sin cabeza
On Having No Head (vídeo)
Ver quién realmente somos (de Richard Lang)
The Headless Way
La Jerarquía del Cielo y la Tierra
El juicio del hombre que decía ser Dios
Yellow Toolkit
El librito de la vida y la muerte
The Science of the 1st Person
To Be and Not To Be
Toolkit for Testing the Incredible Hypothesis (agotado)
Thirty Questions (artículo publicado en la revista The Middle Way: Journal of the Buddhist Society)

LIBROS DE DOUGLAS HARDING

Short Stories
The Meaning And Beauty Of The Artificial
How Briggs Died
The Melwold Mystery
An Unconventional Portrait Of Yourself
La jerarquía del Cielo y la Tierra (versión original
de gran extensión)
La jerarquía del Cielo y la Tierra (versión resumida)
Visible Gods
Vivir sin cabeza
Religions Of The World
The Face Game
The Science Of The First Person
The Hidden Gospel
Journey To The Centre Of The Youniverse
El librito de la vida y la muerte
Head Off Stress
El juicio del hombre que decía ser Dios
Look For Yourself
The Spectre In The Lake
Face To No-Face
To Be And Not To Be
Abierto a la Fuente
The Turning Point
Just One Who Sees
As I See It

La mayoría de estos libros de Douglas Harding están a la venta
actualmente (2019). Nuestro objetivo es conseguir que todos los
títulos estén disponibles. Para más información sobre los libros y
muchas otras cosas ¡visita headless.org!

SOBRE EL EDITOR

Richard Lang es el coordinador de The Shollond Trust, una fundación sin ánimo de lucro de Reino Unido (registrada con el Nº 1059551) creada para ayudar a difundir la Vía sin cabeza. Richard es autor de los libros *Ver lo que realmente somos* y *Celebrando lo que somos*, así como del cómic *El hombre sin cabeza* (ilustrado por Victor Lunn-Rockliffe), y viaja extensamente por todo el mundo dando talleres sobre la Vía sin cabeza.

Para más información sobre la Vía sin cabeza, visita:
www.headless.org
o ponte en contacto con Richard Lang:
headexchange@gn.apc.org